Magnus Momos Maximus

Der Kampf zwischen Momos und Mammon und die Wiederentdeckung wirkungsvoller Investments

Eine sozialphilosophische Satire

Über den Autor:

Unter dem Pseudonym Magnus Momos Maximus veröffentlicht ein ehemaliger Wertpapierhändler aus der Banken Metropole Frankfurt am Main seine schonungslose und offene Kritik an der schlechten Moraleinstellung vieler Finanzeliten. In seinem Buch "Der Kampf zwischen Momos und Mammon und der Wiederentdeckung wirkungsvoller Investments" offenbart er einen tiefen Einblick in das rücksichtslose und maßlose Verhalten der selbsternannten Top Manager bei Banken und Investmentfonds.

Heute engagiert sich Magnus Momos Maximus mit dem Spitznamen Momos als Philosoph und Investment Manager. Momos setzt sich für einen umfangreichen Kulturwandel in der Banken- und Fondsindustrie ein und fördert die Idee des Impact Investments.

Über den Inhalt des Buches:

Was wäre, wenn Figuren aus der griechischen Mythologie in die heutige Finanzwelt eintauchten? In dieser Geschichte erweckt der Mythos eines göttlichen Kritikers, namens Momos, zum Leben: Momos, Wertpapierhändler bei der Goldberg Investmentbank AG, kritisiert die schlechte Moraleinstellung seiner Vorgesetzten und beginnt einen mutigen Kampf gegen die beispiellose Sittenlosigkeit in der Finanzindustrie. Mit Hilfe des Fondsmanagers Valerius strebt Momos einen Kulturwandel bei Goldberg und der gesamten Branche an. Die sozialphilosophische Satire ist ein Manifest für den Beginn einer neuen Investmentphilosophie und die Wiederentdeckung wirkungsvoller Investments: Impact Investing.

Anmerkung

Einige Namen und Örtlichkeiten sind aus persönlichkeitsrechtlichen Gründen neu erfunden, anders benannt oder verlegt worden. Ein Personenverzeichnis findet sich im Glossar.

Dieses Buch ist auch als E-Book erhältlich.

ISBN 978-1517348557

1. Auflage 2015
Copyright © 2015 by Patrick Schulz, Im Sabel 25, 54294 Trier

Inhaltsverzeichnis

Vorwort

Seit dem Beginn der Finanzkrise fällt ein sehr fragwürdiges Verhalten auf Ebene der sogenannten „Top Manager" auf. Basierend auf der Arbeit von mutigen investigativen Journalisten und Whistleblowern, Informationen aus Finanzberichten, eigenen Erfahrungen und öffentlich bekannten Gerichtsverhandlungen offenbart sich ein extrem maßloses und rücksichtsloses Verhalten der Manager Elite. Das Vertrauen in die Geschäftsführer und Aufsichtsräte multinationaler Konzerne, insbesondere in der Banken- und Fondsindustrie ist stark beschädigt. In vielen Fällen verhalten sich die Manager selbstsüchtig, gierig, arrogant und korrupt. Es gibt keine Spur der Rücksicht hinsichtlich sozialer und ökologischer Folgen ihrer Entscheidungen. Die Manager dienen einzig und allein dem Zweck der Profitmaximierung und gefährden damit den Wohlstand einer freien und demokratischen Gesellschaftsordnung und sie gefährden die Idee der sozialen Marktwirtschaft. Dabei vergessen die vielen „World Leader", also Politiker und Geschäftsleute, die begrenzte Wirkungskraft von Geldmengen und Zinsraten. Sie haben vergessen, dass Geldmengen und Zinsraten nur ein Anreiz- und Produktivitätsfaktor unter vielen anderen Faktoren darstellt und das Geld niemals die absolute Lösung für alle unsere Probleme auf der Welt sein kann. Ganz im Gegenteil ist häufig das Geld zur Ursache für viele Übel dieser Welt geworden. In anderen Worten ist das moderne Böse sehr banal geworden und beruht auf der selbstverschuldeten Unmündigkeit von vielen Investoren, Arbeitnehmern und Konsumenten. Man könnte sich jeden Tag die Frage stellen: Wer befreit die Menschen von der Neigung Produkte zu kaufen, von denen wir wissen, dass sie umweltschädlich sind.

Wer befreit die Menschen von der Neigung Produkte zu kaufen von Unternehmen, von denen wir wissen, dass sie Menschen- und Arbeitnehmerrechte missachten. Wer befreit die Menschen von der Neigung in Unternehmen zu investieren, die hohe Renditen erwirtschaften, von denen wir wissen, dass sie das Geld verwenden für sozial- und umweltschädliche Projekte. Wo bleiben unsere Ideale für das Schöne, Wahre und Gute?

Die vorliegende Geschichte ist eine fiktive Geschichte, aber sie schafft Verbindungen zu nicht fiktiven Tatsachen und es stellt sich die Frage, ob alles erlaubt, was nicht verboten ist. Die Geschichte des Kampfes zwischen „Momos und Mammon und die Wiederentdeckung wirkungsvoller Investments" erhebt den Anspruch den Leser humorvoll zu unterhalten, aber auch den Mut bei den Menschen zu wecken, die sich einsetzen wollen für eine bessere und gerechtere Welt. Freiheit und Demokratie kann ihren wahren Wert nur dann entfalten, wenn die Menschen diese Werte leben an die sie glauben. Unsere Generation braucht Mut zur einer neuen Form der Authentizität und Integrität im Kampf gegen die Finanz-, Schulden-, Umwelt- und Flüchtlingskrisen unserer Zeit.

Frankfurt am Main, den 9. September 2015

M.M. Maximus

1. Der Weg von Momos in die Finanzwelt

Momos ist Praktikant bei der Valerius Fonds Gruppe. Valerius, Gründer und Eigentümer der Valerius Fonds Gruppe, entdeckt schnell das Talent von Momos. Valerius erzieht, fördert und lehrt Momos in Sachen des Investmentfondsgeschäfts, der Börse und dem Wertpapierhandel. Nicht selten gibt Valerius seinem Schüler Momos Ratschläge für das Leben. Sie werden gute Freude. Prometheus, ein Kommilitone und guter Freund von Momos, ist Praktikant an der Wall Street bei Hades Investment Management. Momos und Prometheus treffen sich nach ihren Praktika und tauschen ihre Erfahrungen über die Finanzwelt aus, bevor Momos seine Karriere als Junior Trader bei der Goldberg Investmentbank AG startet.

Prolog im Himmel

Flughafen Luxemburg am Freitag, den 8. Juni 2007, um 19:55 Uhr. Valerius betritt seinen neuen Privatjet. Mit an Bord ist sein Praktikant Momos. Sie fliegen gemeinsam auf die Insel Sylt im Norden Deutschlands. Über den Wolken reden beide gemeinsam über ihre letzten Eindrücke aus Luxemburg und ihrer Tätigkeit bei der Valerius Fonds Gruppe.

Valerius: Momos, wie fandst du dein Praktikum in Luxemburg?

Momos: Es war großartig. Du weißt ja, dass ich mich seit meinem 14. Lebensjahr leidenschaftlich für die Börse und das Wertpapiergeschäft interessiere. Ich habe Börsenseminare und Aktionärsversammlungen besucht, zahlreiche Bücher und Fachmagazine gelesen und schon selber mein Geld an der Börse angelegt. Doch durch das Praktikum konnte ich endlich erfahren, wie das Investmentfondsgeschäft funktioniert. Irgendwann möchte ich auch so ein Fondsmanager werden wie du, Valerius.

Valerius: Normalerweise nehmen wir keine Praktikanten in deinem Alter, aber es ist schon außergewöhnlich wie viel du schon weißt. Deine Bewerbung war beeindruckend. Deswegen haben wir dich in unser Team aufgenommen. Bei dir habe ich das Gefühl, dass du mal ein ganz großer Unternehmer werden könntest. Du hast diesen Weitblick, du stellst die richtigen Fragen, bist offen und ehrlich, kannst deine eigene Meinung vertreten und du besitzt das richtige Maß an Integrität, dass dich so sympathisch macht. Andererseits polarisierst du gerne mit der Folge, dass dich ein Teil der Menschen wirklich lieben und die anderen einfach nicht ertragen können. Du musst manchmal aufpassen, dass du mit deiner vorlauten und kritischen Denkweise nicht einmal auf die Nase fällst. Aber selbst wenn du mal hinfallen solltest, vergiss nicht immer wieder aufzustehen. Schau nach vorn und kämpf dich durch. Bleib einfach du selbst und folge deinen Idealen. Ich glaube, dann wirst du erfolgreich sein.

Momos: Ich kann mich bei dir nur bedanken, dass du mir diese tolle Chance gegeben hast. Ich merke schon, dass ich manchmal zu vorlaut bin und zu viele Dinge zu stark hinterfrage.

Valerius: Das Hinterfragen ist eine grundsätzlich gute Eigenschaft bestimmte Sachverhalte verstehen zu lernen. Du musst aber auch lernen, die Welt so zu akzeptieren, wie sie ist. Auch wenn du dir manchmal wünscht, dass die Welt ganz anders sein sollte. Nicht alle Dinge liegen in deiner Hand.

Momos: Meinst du, dass ich zu viele Investments auf Ihre sozialen und ökologischen Folgen hinterfragt habe? Ich gehöre eben zur Generation Y.

Valerius: Ja, genau. Viele Investoren interessieren soziale und ökologische Folgen einer Investition nicht. Das Einzige, was für sie zählt, sind die Rendite- und Risikoerwartungen. Viele Investoren sind nur geil aufs Geld. Je mehr Gewinn, desto besser. Die haben teilweise ziemlich perverse Moralvorstellungen. Aber für dein Hinterfragen bei dem potentiellen Investment in Bulgarien, bin ich dir sehr dankbar. Ich hätte mich nicht beteiligen wollen am Bau eines Atomkraftwerks in einem erdbebengefährdeten Gebiet. Aber woher wusstest du das so genau?

Momos: Eine Gruppe von Aktionären einer großen deutschen Investmentbank protestierte gegen ein finanzielles Engagement bei der letzten Hauptversammlung. Zuvor gab es bei verschieden NGOs Proteste gegen den Bau. Auch die Bundesanstalt für Geowissenschaften und Rohstoffe warnte vor Erdbeben.

Valerius: Das war gut recherchiert. Und diejenigen, die protestierten, sind auch zu loben. Wir wären ohne den Protest nie richtig über die Umweltrisiken informiert worden. Ich finde, dass es wichtig ist, sich über die sozialen und ökologischen Folgen einer Investition Gedanken zu machen. Aber viele Fondsmanager besitzen diese Einstellung leider nicht. Sie messen sich gegenseitig nur an Renditen.

Momos: Was glaubst du, was die Zukunft bringt?

Valerius: Das Fondsgeschäft, genauso wie das zugehörige Investmentbanking, befindet sich kurz vor einem großen Umbruch. Es ist wichtig, dass du dich mit deinem Studium nicht nur auf das Fondsgeschäft konzentrierst. Ein Studium der Wirtschaftswissenschaften oder eine Berufsausbildung zum Bankkaufmann wird bald nicht mehr so rentabel sein wie noch vor ein paar Jahren. Du erlebst gerade den absoluten Höhepunkt im Fondsgeschäft. In den vergangene vier Jahren haben wir zum Beispiel durchschnittlich 30% Rendite pro Jahr erwirtschaftet. Zum 31.05.2007 beträgt das von uns zu verwaltende Vermögen rund 1 Mrd. Euro. Nun habe ich mein Investment-Team beauftragt alle Vermögenswerte zu veräußern und die Gelder an unsere Investoren zurückzuzahlen. Wir werden unsere Fonds und unsere Investmentgesellschaft bis zum Ende diesen Jahres liquidieren.

Momos: Glaubst du, dass die Börsen Rallye bald vorbei ist?

Valerius: Ich glaube, es ist die beste Zeit um aus den Märkten auszusteigen, bevor es alle anderen auch tun wollen. Schließlich ist es ziemlich schwierig, die gleichen Aktien oder Anleihen immer wieder teurer weiter zu verkaufen, als das man sie eingekauft hat. Zwar gibt es weiterhin gute Aussichten auf Einkünfte aus Zinsen und Dividenden, aber die zu erwartenden Kursverluste sind viel größer. Positive Renditen wird es dann nicht mehr geben und damit verdienen wir auch keine jährliche Performance Fee mehr. Wir erhalten nur noch unsere jährliche Grundvergütung in Höhe von 1% des zu verwaltenden Vermögens. Bei immer niedrigeren Vermögensbewertungen verringert sich diese Einnahmequelle. Performance Fees sind in diesem Geschäft nicht zu vernachlässigen. Mit den Performance Fees konnte unser fünfköpfiges Investment Team durch dieses Gebührenmodell in den letzten vier Jahren mehr als 100 Mio. Euro verdienen. Aber die Zahlen kennst du ja. Die Zahlen stehen in unseren geprüften Geschäftsberichten.

Momos: Was soll ich deiner Meinung nach, nach der Universitätsausbildung machen, wenn sich die Jobaussichten im Fondsgeschäft verschlechtern.

Valerius: Gott sei Dank, besteht das Leben nicht nur aus Fonds und Börsenhandel. Bleibe neugierig und erweitere deinen Horizont, indem du dich für verschieden Wissensgebiete interessierst. Leg dir ein paar Hobbys zu, schalte den Computer und Blackberry aus, geh unter die Leute da draußen, finde eine liebenswerte Frau und wenn es so weit ist, dann gründe eine Familie.

Momos: Und was ist mit dem Geld verdienen?

Valerius: Geld gehört zum guten Leben natürlich dazu, aber es ist kein Selbstzweck, sondern immer ein Mittel für einen bestimmten Zweck. Viel wichtiger als Geld ist aber deine Gesundheit, deine beruflichen Aufgaben, deine Freizeit und die Wertschätzung, die du von deinen Mitmenschen erhältst und eigentlich noch viel mehr. Wenn du mit den richtigen Leuten zusammenarbeitest, wird sich dein Engagement mehrfach auszahlen in sowohl finanzieller als auch nicht finanzieller Hinsicht. Du stehst am Anfang deiner Karriere und die Welt liegt dir zu Füßen. Mach etwas draus. Die Zeit geht schneller vorbei, als du dir das vorstellen kannst.

Momos: Du hast gut reden. Du fliegst sorgenfrei im Privatjet auf Kosten der Firma in den Urlaub. Wenn meine Semesterferien vorbei sind, dann muss ich wieder studieren und danach irgendwie einen gut bezahlten Job finden, damit ich meinen Studienkredit zurückzahlen kann.

Valerius: Wenn du etwas erreichen willst, dann musst du erstmal etwas erlernen. Eine gute Ausbildung ist sehr wichtig. Ich würde mir natürlich wünschen, dass die Gesellschaft nicht so viele und hohe finanzielle Hürden für eine gute Ausbildung den jungen Menschen in den Weg legt, aber bestimmte Entscheidungsträger haben sich bedauerlicherweise für einen Sparkurs in der Bildungspolitik entschieden. Du bist klug und stark. Ich bin mir sicher, dass du es schaffst. Also hör auf zu jammern. Den Kredit wirst du irgendwie zurückzahlen. Zum Thema mit meiner Fliegerei: Es ist schließlich meine Firma, die diesen Jet von einer anderen Firma von mir chartert und ich verbinde meinen Urlaub mit dem geschäftlichen Besuch einer Reederei in Hamburg. Dort lasse ich nämlich eine neue Yacht bauen, die ich an gutverdienende Leute weiter vermiete. Da es keine direkte Verbindung von Luxemburg nach Hamburg gibt, ist das private Flugzeug eine gute Wahl.

Momos: O.k. Ich dachte, wir fliegen aber nach Sylt und nicht nach Hamburg.

Valerius: Nach Hamburg fliege ich auch erst am Montag Morgen. Diesen Flug nach Sylt verbuche ich übrigens als Reisekosten für den Praktikanten. Schließlich wolltest du doch dorthin und deine Ferien mit deiner Familie verbringen.

Momos: Natürlich. Danke, Valerius.

Valerius: Morgen früh gehen wir nochmal frühstücken und dann erzähl ich dir etwas von dem Umbruch in der Finanzindustrie. Oder sollte ich besser sagen: Dem Zusammenbruch!?

Das Gespräch über die Kapitalmärkte

Insel Sylt am Samstag, den 9. Juni 2007, um 9 Uhr. Momos und Valerius frühstücken zusammen mit Blick auf das herrliche Meer unter strahlend blauem Himmel. Valerius möchte Momos über das Fonds- und Börsengeschäft aufklären.

Valerius: Guten Morgen Momos. Bevor ich mich von dir verabschiede, dachte ich, könnten wir gemütlich über das Finanzsystem philosophieren bei einer guten Tasse Kaffee und ein paar leckeren Frühstücksbrötchen. Der Strand und das Meer bieten dazu eine echt malerische Atmosphäre.

Momos: Guten Morgen, Valerius. Das ist eine ausgezeichnete Idee. Das Wetter ist auch fantastisch. Wo wollen wir anfangen? Steht etwas Interessantes in der Zeitung? Gibt es bald den Zusammenbruch des Finanzsystems?

Valerius: Die Presse schreibt, was die Lobbyisten diktieren. Vielen Journalisten fehlt das nötige Wissen und die nötigen Mittel, um wirklich unabhängig zu berichten. Außerdem schreiben die Journalisten viel zu viel Negatives auch in guten Zeiten. Die Presse glaubt, negative Nachrichten verkaufen sich besser. Und zu guter Letzt sind die Nachrichten alle von gestern. Ich kann dir sagen, was passiert und was passieren wird, wenn es so weitergeht, wie bisher. Der Finanzmarkt steht kurz vor dem Abgrund.

Momos: Warum?

Valerius: Seitdem ich in das Fondsgeschäft Mitte der Achtziger eingestiegen bin, hat sich viel verändert. Auf der einen Seite haben sich die Anzahl der Fonds und das zu verwaltende Vermögen kontinuierlich erhöht. Es wurden immer mehr Fonds aufgelegt mit immer neueren Handelsstrategien. Auf der anderen Seite sind immer mehr neue Finanzprodukte erschienen. Außerdem ist alles immer schneller geworden. Mittlerweile werden sogar immer mehr Fondsmanager durch Computer ersetzt. Und im Hintergrund wächst die globale Verschuldung sowohl im privaten als auch im öffentlichen Sektor, was immer wieder zu Finanzkrisen führt, sobald bestimmte Institutionen oder Menschengruppen zahlungsunfähig werden.

Momos: Wie behält man in diesem Geschäft eigentlich den Überblick und warum steht der Finanzmarkt vor dem Abgrund?

Valerius: Um zu verstehen, wie der Finanzmarkt funktioniert, muss man das Geschäft analysieren. Lass mich kurz das Geldsystem erklären: Zentrales Medium in dem Geschäft ist das Geld, das jeder haben will. Die erste Frage wäre also: Was ist Geld? Wo kommt das Geld her? Und wie kommt es in den Wirtschaftskreislauf? Geld ist ein zählbares Tauschmittel und kann beispielsweise in Form von Edelmetallen oder Währungen dargestellt werden. Heutzutage sind Währungen wie der Euro, Dollar, Yen, Franken oder Pfund das beliebteste Geldmittel. Wo kommt es nun her? Bei Gold oder Silber wäre die Antwort das Bergwerk in irgendeinem Land und das Feingewicht des Metalls stellt den Wert des Geldes dar. Bei Währungen emittiert eine Zentralbank eines bestimmten Landes auf sich selbst lautende Schuldverschreibungen und digitalisiert die Schulden auf elektronischen Konten oder die

Zentralbank druckt das Geld in Form von Banknoten aus und prägt Münzen. Dieses Geld wird an die Wirtschaftsteilnehmer des jeweiligen Landes ausgegeben in Form eines Kredites. Die auf sich selbstlautende Schuldverschreibung repräsentiert im Grunde genommen ein Versprechen der Zentralbank auf eine bestimmte Gegenleistung. Aber was ist diese Gegenleistung? Das folgende Gedankenexperiment löst das Problem auf: Angenommen alle Wirtschaftsteilnehmer erhalten von der Zentralbank eine bestimmte Summe an Geld. Es wird angenommen, dass alle Wirtschaftsteilnehmer für die Zentralbank arbeiten. Die Wertschöpfung der Wirtschaftsteilnehmer ist die Gegenleistung der Zentralbank, die im Tausch gegen das von ihr emittierte Geld erworben werden kann. Letztendlich wird durch den Erwerb der Waren und Dienstleistungen, die von der Zentralbank hergestellt wurden, die Gegenleistung erfüllt. Daraus folgt, dass die Schulden der Zentralbank und ihrer Kreditnehmer verschwinden, wenn ihre Gegenleistung erbracht worden ist und dafür das von der Zentralbank emittierte Geld „zurückbezahlt" worden ist. Das wäre ein geschlossener Wirtschaftskreislauf. Letztendlich stellt die Zentralbank Geld in diesem Gedankenexperiment als Anreizsystem zur Verfügung, damit die Bedürfnisse der Menschen befriedigt werden können. Eine Welt ohne Geld ist insofern denkbar, wenn das Anreizsystem geldlos ist. Das ist die Theorie des Geldes. Nun was unterscheidet die Theorie von der Praxis, Momos?

Momos: Die Wirtschaftsteilnehmer arbeiten nicht für die Zentralbank und die Zentralbank stellt auch nicht alle Waren und Dienstleistungen her, die wir benötigen. Die Wirtschaftsteilnehmer benutzen das Geld nur, indem sie sich das Geld von der Zentralbank leihen oder es zumindest als Recheneinheit benutzen.

Valerius: Richtig. Das beantwortet auch die Frage, wie das Geld in den Wirtschaftskreislauf gelangt. Die Zentralbank verlangt sogar eine Gebühr, also Zinsen, für die Geldleihe. Theoretisch bedeutet das, dass der Schuldner dann neues Geld leihen muss, damit er seine Schuld bei der Zentralbank begleichen kann. Ein Geldmengenwachstum bzw. Schuldenwachstum ist daher vorprogrammiert. Wichtig ist zu verstehen, dass wenn das Geld im Umlauf ist, wird es immer wieder unter den Wirtschaftsteilnehmern verliehen. Es entstehen immer neue Forderungen und gleichzeitig Verbindlichkeiten, denn die Summe aller Forderungen entspricht immer der Summe aller Verbindlichkeiten. Darüber hinaus entstehen auch Forderungen auf Geld bei dem Verkauf von Waren und Dienstleistungen. Stell dir vor, dass alle Forderungen verbrieft und verkauft werden können. Dann entstehen noch mehr Forderungen und Verbindlichkeiten. So entsteht der Geldhandel und professionalisiert sich in der heutigen Welt der Geschäfts- und Investmentbanken.

Momos: Da Menschen unterschiedliche Talente, Bedürfnisse und Ansprüche besitzen, entstehen im Laufe der Zeit ganz unterschiedliche Verteilungen des Geldvermögens.

Valerius: Richtig. Das Gedankenexperiment führt uns dann zu Fragen von Verteilungsgerechtigkeit, aber das würde unseren Gesprächsrahmen jetzt sprengen. Lass mich kurz erklären, dass verschiedene Währungsräume in Konkurrenz zueinander stehen und dadurch Wechselkurse permanenten Veränderungen unterliegen wie jede andere Ware auf dem Markt. Der Preis bildet sich durch Angebot und Nachfrage. Also, wenn eine bestimmte Menge einer Ware für einen bestimmten Preis verkauft wird, dann wird ein Kurs bzw. Preis festgestellt, der einen erfolgreichen Geschäftsabschluss markiert. Für jede Transaktion gibt es einen Käufer und einen Verkäufer. Das ist ein marktwirtschaftliches Gesetz. Börsen zentralisieren nur den Handel und helfen dabei die besten Preise zu finden. Für manche Leute ist dieses primitive Marktgesetz schwer zu verstehen. Gerade im Wertpapierhandel gewinnen einige Menschen ganz merkwürdige Ansichten. Aber du wirst noch früh genug erfahren, was ich meine.

Momos: O.k. Aber warum kommt diese Krise auf uns zu?

Valerius: Wenn du dir den Finanzmarkt genau anschaust, wirst du feststellen, dass es im Prinzip drei Arten von Finanzinstrumenten und zwei Arten von Märkten gibt, die eine Erklärung wirklich wert sind, damit keine Missverständnisse entstehen. Es gibt Eigenkapitalinstrumente mit Stimmrechten und einer Gewinnberechtigung und Fremdkapitalinstrumente mit Zins- und Rückzahlungsansprüchen. Zu den Eigenkapitalinstrumenten gehört zum Beispiel die Aktie, die ein Eigentumsrecht an einem Unternehmen verbrieft. Zu den Fremdkapitalinstrumenten gehört zum Beispiel die Anleihe, die keine Eigentumsrechte an einem Unternehmen verbrieft, aber einen Rückzahlungs- und Zinsanspruch besitzt. Das dritte Finanzinstrument sind die sogenannten Finanzderivate. Das sind Rechte, deren Preis vom Börsenpreis anderer Basiswerte abhängt (z.B. Aktien oder Anleihen) und bei denen der Vertragsabschluss und die Vertragserfüllung zeitlich auseinander fallen. Dazu gehören Optionen, Futures und Swaps. Derivate haben in den letzten Jahren stark an Bedeutung gewonnen, da sich mit dem Einsatz von Derivaten überproportional viel Geld verdienen lässt als mit klassischen Investments (aber auch verlieren). Über die drei genannten Instrumente engagieren sich Finanzinvestoren aus der ganzen Welt in verschiedenste Produkte weltweit. Wenn wir über den Finanzmarkt reden, dann unterscheiden wir zwei Märkte. Es gibt den Primärmarkt und den Sekundärmarkt. Der Primärmarkt ist der Markt für die Erstausgabe von Finanzkapital. Der Sekundärmarkt ist der Markt für den Handel von schon ausgegebenen Finanzkapital. Für Investmentbanken ist der Sekundärmarkt eine der Haupteinnahmequellen neben Emissionen im Primärmarkt (z.B. IPOs) und Mergers & Acquisitions, also die Beratung und Finanzierung von Firmenfusionen und Firmenübernahmen.

Momos: Und Investmentfonds sind rechtlich eigenständige Sondervermögen, die in diese Finanzinstrumente im Primär- und Sekundärmarkt investieren.

Valerius: Korrekt. Jetzt erkläre ich, warum viele Fonds, die in ein bestimmtes Finanzprodukt investiert haben, Probleme bekommen werden. Insbesondere in der USA wurden Kredite an bonitätsschwache Kreditnehmer vergeben, sogenannte Subprime-Kredite. Dabei handelt es sich in der Regel um ausfallbedrohte Hypothekendarlehen, die in einer Anleihe gebündelt sind, sogenannte Asset Backed Securities, kurz ABS genannt. Viele Fonds und Banken haben die ABS gekauft, weil sie attraktive Renditen besitzen, wenn sie nicht ausfallen. Nun gibt es am Markt Hinweise für die ersten Zahlungsausfälle bei den Kreditnehmern und die Immobilienpreise beginnen zu fallen. Folglich verlieren die ABS an Wert, was zu Verlusten in den Bilanzen von Banken und Fonds führt. In den letzten Jahren gab es überdurchschnittlich hohe Zins- und Kursgewinne zu verbuchen, aber jetzt dreht sich das Blatt. Einige Banker und Fondsmanager waren so überzeugt von diesen Produkten, dass sie selber sogar Kredite aufnahmen, damit sie mehr

ABS kaufen konnten. Durch diesen Hebeleffekt können Eigenkapitalrenditen gesteigert werden oder eben Verluste werden potenziert.

Momos: Warum jagen viele Manager nach hohen Eigenkapitalrenditen?

Valerius: Eigenkapitalrenditen dienen häufig als Maßstab für die Vergütung von Bank- und Fondsmanagern. Im Glaube, dass die Manager nie persönlich haften müssen und die Firma selbst nur die Einlagen ihrer Aktionäre verlieren könnte (was faktisch den Bankrott bedeutet), stecken in den Bilanzen riesige Risiken. In den Wirtschaftswissenschaften nennt man das Prinzip: Moral Hazard. Manche Manager versichern ihre Risiken bei großen Versicherungskonzernen. Sie übertragen also das Ausfallrisiko auf die Versicherung, durch den Kauf von sogenannten Credit Default Swaps (CDS). Es sind Hunderte von Milliarden im Spiel und kein Mensch kennt den Ausgang dieser hochriskanten Wetten. Tritt der Versicherungsfall ein, könnten die Versicherungskonzerne in Zahlungsschwierigkeiten geraten. Es ist ein Teufelskreislauf.

Momos: Warum vergeben alle Banken so leichtfertig Kredite?

Valerius: Weil viele Wirtschaftsteilnehmer von der Kreditvergabe profitieren. Es steigert den Konsum und die Investitionen. Bauunternehmen verdienen am Bau der Immobilien. Kreditnehmer nehmen häufig mehr Geld auf als für den Hauskauf nötig ist und steigern den Konsum im Land mit dem restlichen Geld. Die Makler verdienen Vermittlungsprovisionen, wie der Banker und die Banken von Zinserträgen profitieren. Manchmal gelingt der Bank auch der Verkauf dieser Kredite über dem Buchwert, was vorzeitig zu schnellen Gewinnen führt. Am Ende liegt das ultimative Kreditrisiko bei irgendeinem Marktteilnehmer, der hofft, dass der Kreditnehmer regelmäßig seinen Zahlungen nachgeht. Wenn die Zahlungen ausfallen, dann fällt das Kartenhaus zusammen. Ich war letzte Woche in Spanien und habe Ferienimmobilien gesehen, die minderwertig gebaut worden sind und seit Monaten komplett leer stehen. Die Eigentümer dieser Immobilien werden ihre Kredite durch fehlende Mieteinnahmen nicht bedienen können. In den betroffenen Ländern führen die Pleiten zu wirtschaftlichen Rezessionen und Depressionen.

Momos: Siehst du noch andere Risiken?

Valerius: Grundsätzlich sehe ich einen großen Freiheitsmissbrauch bei den Entscheidungsträgern, also bei den Geschäftsführern der Unternehmen, die leichtfertig das Geld ihrer Aktionäre auf Spiel setzen bei diversen Wetten. Die sogenannten Top Manager achten nur noch auf die kurzfristigen Renditeerwartungen und keineswegs auf soziale oder ökologische Auswirkungen ihrer Handlungen. Wenn die Wette nicht aufgeht, dann geht vielleicht die nächste Wette auf. Die Haftung ist schließlich begrenzt. Viel Geld fließt auch in die Spekulation mit Rohstoffen. An der Chicago Board of Trade wird zum Beispiel an einem Tag mehr Getreide gehandelt als in einem ganzen Jahr überhaupt geerntet wird. Es fließt extrem viel Geld in Rohstofffonds, die auf steigende Ölpreise setzen, indem sie Ölfässer einkaufen und riesige Schiffe chartern, die das Öl lagern und warten bis sie es teurer weiterverkaufen können. Das Alles geschieht mit dem Geld von uns allen. Wir bemerken davon nur nichts. Wir wundern uns nur, wenn unsere Fonds oder unsere Banken plötzlich in Zahlungs-schwierigkeiten geraten. Was wirklich bedenklich ist, dass viele dieser rücksichtlosen Manager multiple Anstellungs-verträge besitzen, damit sie ihr rücksichtsloses Verhalten in eine Vielzahl von Unternehmen tragen. Schuld daran, sind eine Gruppe von korrupten Personalberatern, die genauso gierig ihre Renditen maximieren wollen.

Momos: Die Devise lautet wohl, was nicht verboten ist, ist erlaubt.

Valerius: Das ist die Ausrede vieler Top Manager. Dann gibt es noch ein Dutzend Krimineller am Markt, die Kurse zu ihren Gunsten manipulieren oder ihre Anleger systematisch betrügen. Warum ich das weiß? Weil einige Fonds-manager, Banker oder Broker absurde Versprechen machen. Sie versprechen überdurchschnittliche Renditen und null Risiko.

Momos: Kannst du da Beispiele nennen?

Valerius: Zum Beispiel werden Aktien von kleinen Unter-nehmen manipuliert, die wenig liquide sind. Einige Fonds kaufen die Papiere und bieten sie mit großem Aufschlag wieder an. Dann werden diese Aktien leichtgläubigen In-vestoren verkauft und die Kurse schießen nach oben. Die plötzlich steigenden Kurse ziehen das Interesse von weite-ren Investoren auf diese Aktien auf sich und am Ende ist derjenige, der die Papiere ursprünglich empfohlen hat, überhaupt nicht mehr investiert. Er hat alle seine Aktien teurer verkauft. Eine andere Möglichkeit ist das Geld in Unternehmen zu investieren, die einem selbst gehören und diese Unternehmen sind in dubiose Geschäfte verwickelt, die ganz legal Geld ausgeben bis das Unternehmen pleite ist. In Wirklichkeit ist das Geld dann nicht weg, sondern es hat nur den Besitzer gewechselt. Witzig oder?

Momos: Was sind das für Verträge, die das Unternehmen legitimeren soviel Geld auszugeben?

Valerius: Überhöhte Immobilienpreise, hohe Mietaufwendungen und hohe Personal- und Reisekosten. Hohe Marketing und Management Aufwendungen sind weitere Klassiker. Die Zahlungen laufen an Firmen, die dem Betrüger gehören.

Momos: Gibt es noch einfachere Wege des Betruges?

Valerius: Ich vermute, dass Devisen, Zinsen und Edelmetalle von großen Investmentbanken zu ihren Gunsten manipuliert werden, z.B. durch versteckte Preisabsprachen. Das ist aber sehr schwer nachzuweisen. Sicherlich sind auch viele andere Asset Klassen betroffen. Mich stimmt es nur nachdenklich, wenn Fondsmanager zum Beispiel Credit Default Swaps auf Kreditportfolien kaufen, die sie gar nicht besitzen. Ein anderer großer Fondsmanager zahlt regelmäßig überdurchschnittliche Renditen und immer neue Anleger strömen in diese Fonds. Ich kann mir nicht erklären, wo er das neue Geld immer so passgenau investieren kann. Dahinter kann sich ein Ponzi-Scheme verbergen. Er zahlt die Renditen mit dem neuen Geld der neuen Anleger bis das Geld ausgeht. Dabei muss die Bilanz seiner Fonds komplett manipuliert sein. Eine andere einfache Möglichkeit ist die absichtliche Abschreibung bestimmter Wertpapiere aufgrund manipulierter Wertgutachten und den Verkauf an andere Fonds des Betrügers mit dem Wissen, dass die Wertpapiere eigentlich viel werthaltiger sind als sie dargestellt werden. Legitimiert ist das Verhalten durch die vereinbarten Anlagerichtlinien des Fonds. Falls ein Fonds ein Wertpapier hält, das ein schlechtes Rating besitzt, muss es unter allen Umständen verkauft werden. Das sind skandalöse Praktiken.

Momos: Was ist mit Steuerhinterziehung?

Valerius: Steuerhinterziehung ist natürlich in allen Ländern strafbar. Kontrovers sind die Steueroptimierungen, die in bestimmten Ländern ein ganz großes Geschäft sind. Hier werden die steuerlichen Vorteile bestimmter Länder genutzt mit der Absicht systematisch Steuern zu sparen. Es handelt sich dabei um Fonds- und Stiftungsvermögen, multinationale Konzerne aber auch private Personen. Bei der Steueroptimierung gründen multinationale Konzerne Tochtergesellschaften an Orten mit niedrigen Steuersätzen für bestimmte Einkunftsarten. Die Tochtergesellschaften schließen wiederum Kredite mit hohen Zinsforderungen oder teure Lizenzverträge mit Mutterunternehmen in Ländern mit höheren Steuersätzen ab. Folglich verringert man den Gewinn in dem Land mit hohen Steuersätzen und lenkt den Gewinn in das Land mit niedrigeren Steuersätzen. Eine andere Möglichkeit der Steueroptimierung bieten unterschiedliche Rechtsauffassungen hinsichtlich der Eigenschaft bestimmter Kapitalinstrumente. In einem Land wird das Instrument als Fremdkapitalinstrument aufgefasst und in einem anderen Land wird das gleiche Instrument als Eigenkapitalinstrument aufgefasst. Die Zinsen des Fremdkapitals verringern den Gewinn des Unternehmens und es fallen weniger oder keine Steuern an. Der Zinsempfänger deklariert die Zinseinkünfte aber als Dividenden in seinem Heimatland und die Einkünfte sind unter Umständen steuerfrei. Die vielen Regelungen in nationalen Steuergesetzen, Doppelbesteuerungsabkommen und die unterschiedlichen Rechtsauffassungen macht man sich dann steuerlich zu Nutze. Zum Beispiel etablieren viele Länder in der europäischen Union und Überseegebiete von Mitgliedern der Europäischen Union mit dem Rest der Welt, Firmenstrukturen, die die Steuerlast optimieren. Ich bin mir sicher, dass diese Praktiken irgendwann kritisch hinterfragt werden.

Momos: Hier profitieren bestimmt auch eine Reihe von Beratern mit interessanten Honoraren.

Valerius: Ja natürlich. Man muss sich mal vorstellen, wie heute Geld verdient wird. Zu guter Letzt ist das Geschäft mit Fusionen und Übernahmen eines der lukrativsten Geschäfte. Ständig belagern eine Reihe von Beratern die Geschäftsführer multinationaler Konzerne und empfehlen milliardenschwere Übernahmen, Fusionen oder Abspaltungen. Da fließen gigantische Honorare und Provisionen, sowohl erfolgsabhängige als auch erfolgsunabhängige Provisionen in Millionenhöhe. Einige Investmentbanker scheuen auch nicht davor zurück Unternehmen zu kaufen, Vermögenswerte zu liquidieren, den Verschuldungsgrad zu erhöhen und überschüssige Liquidität an sich auszuschütten, bevor sie das Unternehmen dann wieder weiterverkaufen. Das sind richtige Zecken, die das Blut aus dem Unternehmen saugen.

Momos: Stimmt es, dass sich auch öffentliche Haushalte direkt an Spekulationen beteiligen?

Valerius: Du meinst Sale and Lease Back Verfahren oder den Abschluss von Zinsswaps? Dort saugen die Zecken direkt beim Steuerzahler. Kommunen und Länder haben

Flugplätze, Eisenbahnnetze, Energiebetriebe, Wohnungs-
immobilien und gewerbliche Immobilien an habgierige Finanzinvestoren verkauft und mieten diese Dinge wieder
an. Kurzfristig fließt so ein großer Betrag in die Haushalts-
kassen. Langfristig fehlen dem Land wichtige Einnahmen
für wichtige Investitionen in die Infrastruktur. Dann droht
auch irgendwann der Kollaps im öffentlichen Sektor. Einige Bürgermeister glauben, sie müssen ihre Zinsverpflich-
tungen absichern und schließen Zinsswaps ab, die sie am
Ende mehr kosten als Geld sparen.

Momos: Wo sind die Zecken eigentlich nicht?

Valerius: Die sind selbst im Kunstmarkt und im Sport aktiv. Das kann ich aus Erfahrung sagen. Wenn du ein paar
große Kunstwerke oder gute Sportler vermittelst, kannst
du richtig abkassieren ohne ein schlechtes Gewissen zu haben, weil dort so viele Unternehmen so viel Zuwendungen
in Form von Sponsoring machen, dass du dir eine ganze
Tiefgarage voller Ferraris und ein ganzen Strandabschnitt
voller Traumhäuser nach nur einem Deal mit einem Mega
Kunstwerk oder einem Mega Profisportler kaufen kannst.
Rennfahrer und Fußballspieler sind übrigens eine interessante Investition. Kleinere Investitionen sind im Pferde- o-
der Hunderennsport möglich. Ein Casino in Las Vegas ist
natürlich auch nicht schlecht.

Momos: Wusstest du, dass dieses Frühstücksei von echten
Bio Hühnern stammt?

Valerius: Das ist schön zu hören. Ich habe gehört die
Milch und das Fleisch sind auch alles Bio. Das Bio
schmeckt man auch. Das Problem ist nur, dass die Massentierhaltung mehr Geld bringen kann. Mehr Tiere auf

weniger Quadratmetern bringt einen höheren Umsatz pro Quadratmeter.

Momos: Das gleiche Prinzip ist doch mittlerweile in der menschlichen Arbeitswelt angekommen. Großraumbüros halten Einzug in die Metropolen dieser Welt mit der Folge, dass immer mehr Menschen auf immer weniger Fläche Umsätze erzielen sollen. Die Immobilieneigentümer freut es, weil sie höhere Mieten erzielen können. Ich wette mit dir, irgendein Fonds von dir erwirtschaftet so schöne Renditen.

Valerius: Nein, solche Investitionen mache ich nicht. Ich handle nach der goldenen Regel: Ich behandle die Menschen so, wie ich auch selber behandelt werden möchte. Ich fördere Kunst und Kultur, den Sport, die Tourismusindustrie, die Gastronomie, schnelle Autos und schöne Frauen. Außerdem investiere ich ausschließlich in Dinge, die ich zu 100% verstehe. Ich kann nur hoffen, dass du nicht in der Käfighaltung landest, sondern als ein Bio Huhn behandelt wirst.

Momos: Guten Appetit.

Valerius: Jetzt genieß die freien Tage auf Sylt. Die Natur ist wirklich superschön. Es ist wichtig diese Orte für nachfolgende Generationen zu erhalten. Es sind diese Orte, die das Leben so schön machen können.

Momos: Ich stimme dir voll und ganz zu.

Frankfurt und New York: Zwischen Himmel und Hölle

Flughafen Frankfurt am Sonntag, den 11. Januar 2009, um 12 Uhr. Momos holt seinen Kommilitonen und guten Freund Prometheus am Frankfurter Flughafen ab. Während Prometheus an der Wall Street in New York ein Praktikum bei der Hades Investmentgesellschaft absolvierte, war Momos als Praktikant bei einer kleinen Investmentbank in Frankfurt engagiert. Sie reden über ihre letzten turbulenten Erfahrungen und denken über ihre Zukunft nach.

Momos: Willkommen zurück in Deutschland, Prometheus.

Prometheus: Gut dich wieder zu sehen, Momos. New York ist echt krass, aber die große Immobilienblase ist geplatzt und jetzt redet jeder nur noch von der großen Finanzkrise.

Momos: Das Wort Finanzkrise ist das Wort des Jahres 2008.

Prometheus: Was hast du eigentlich die letzten Monate in Frankfurt gemacht?

Momos: Ich möchte auch gerne wissen, was du die letzten Monate in New York gemacht hast. Wie vielen Göttern des Geldes hast du die Hand geschüttelt?

Prometheus: Jemand muss endlich den Menschen da draußen sagen, wie krank dieses Finanzsystem geworden ist und wie viele Leute in diesem System ausgebeutet werden. Ich habe vielen Göttern des Geldes die Hand geschüttelt. Man könnte meinen, ich bin dem Mammon persönlich begegnet. Die letzten Wochen hatte ich nur noch Alpträume. Ich träumte von Börsenkursen und falschen Bewertungen, von der Gier nach immer mehr Geld, von der Angst des Scheiterns und immer wieder habe ich mich selbst von einem dieser riesigen Wolkenkratzer fallen gesehen. Bei diesem freien Fall konnte ich sehen, wie andere Leute auch vom Himmel fielen, aber einige Menschen besaßen goldene Fallschirme im Gegensatz zu mir. Aber ich fiel so lange und so tief bis ich mit voller Wucht auf den Boden aufschlug und so wurde ich mehrmals während der Woche aus meinem Schlaf gerissen. Ich dachte, ich wäre schon im Tartaros angekommen. Ich bin fix und fertig. Völlig überarbeitet. 75 bis 100 Stunden die Woche bei irgendwelchen Deals mitgearbeitet. Ich sag dir, da herrscht so ein Stress und Erfolgsdruck, dass es mich nicht wundern würde, wenn dort irgendjemand bald tot umfällt vor lauter Arbeit.

Momos: War das Geld nicht Motivation und Kompensation genug?

Prometheus: Was habe ich von dem Geld? Die Lebenshaltungskosten in New York sind extrem hoch und durch die viele Arbeit komme ich kaum aus dem Büro raus. So viele junge Leute tun sich diesen Alptraum doch nur an, weil sie die Schulden für die Finanzierung ihrer Schulausbildung abzahlen müssen und weil sie natürlich auf eine große Karriere mit ganz viel Geld hoffen. Und die Wall Street finanziert diesen Teufelskreislauf. Viele Menschen sind einfach nur noch Marionetten, die überhaupt keine eigene Meinung mehr haben. Die sagen immer nur ja und Amen zum Chef. Jeder geilt sich daran auf, wie lange er heute wieder im Büro verbracht hat und wie viel Arbeit diese großen Deals am Finanzmarkt bringen. Alle Leute klagen und fluchen wegen ihrem Job, ihren Kollegen und Konkurrenten, aber alle wollen so lange dabei sein, bis der Bonus ausgezahlt wird. Und danach beginnt wieder die nächste kranke Runde. Manchmal kam so ein Motivationstrainer, namens Jordan Belfort bei uns vorbei. Der Typ ist echt krank. Der nennt sich selber den Wolf der Wall Street. Der saß im Gefängnis wegen Geldwäsche und Anlagebetrug und motiviert jetzt die neue Generation von Bankern und Brokern. Aber jetzt ist erstmal Pause, nachdem Lehman Brothers pleite gegangen ist und der Versicherungsriese AIG gerade vor der Pleite gerettet wurde. Nur die Goldjungen haben gut zu lachen und ein paar irre Hedge Fund Manager, die auf die Pleite vieler Investments gewettet haben.

Momos: Hört sich nach einem echten Dschungel an. Die Leute an der Wall Street machen sich doch alle zum Affen.

Prometheus: Und der größte Gorilla war bei Lehman Brothers als CEO tätig. Die Bank ist pleite, aber der Typ hat in den letzten Jahren mehr als 500 Millionen Dollar von dieser Bank in Form von Gehältern und Boni erhalten. Allein im letzten Jahr vor der Pleite belief sich sein Bonus auf 30 Millionen Dollar. Der Gorilla wollte die Gewinne der Bank jedes Jahr steigern. Er nahm sogar extra Kredite auf, damit er noch mehr Geld verdienen konnte. Am Ende lag das Verhältnis zwischen Eigenkapital und Fremdkapital bei 1:33. Du hättest seine arrogante Art bei der Anhörung im Kongress durch den Abgeordneten Henry Waxman sehen sollen. Irrer Typ.

Momos: In Frankfurt gibt es ein dutzend Sparer, die in Anleihen von Lehman Brothers investiert haben. Die Sparer sehen ihr Geld wohl nicht mehr wieder, es sei denn sie fragen den Gorilla, ob er ihnen was zurückgeben kann.

Prometheus: Es ist ja alles legal. Seine Gehaltsansprüche leiten sich aus seinem Arbeitsvertrag ab und Verträge sind zu halten. Das bestätigt jedes Gericht. Der Aufsichtsrat und die Aktionäre des Unternehmens haben den Geschäftspraktiken auch immer wieder zugestimmt. Es ist ein kollektives Versagen des gesamten Marktes und ein beklagenswerter Missbrauch von Freiheit.

Momos: Am 17. Oktober haben wir einen Brief von Lahde Capital Management für einen Kunden von uns erhalten. Ich war in den letzten Monaten nämlich im Wertpapierhandel und Kommissionsgeschäft in Frankfurt tätig. Der Brief hat es echt in sich. Andrew Lahde rechnet mit den ganzen Wall Street Idioten ab, die in den Management Etagen laufend falsche Entscheidungen treffen mit verheerenden Folgen für die gesamte Volkswirtschaft. Die Manager hätten alle überhaupt keine Ahnung und deswegen war es für ihn ein Kinderspiel mit diesen Idioten Geschäfte zu machen, die ihm ein Millionen Vermögen bescherten. Andrew Lahde hat auf die Pleite des Immobilienmarktes gesetzt und mit Leerverkäufen auf diverse Wertpapiere und dem Kauf von Credit Default Swaps seinen Fondsanlegern eine Rendite von über 1000% beschert. Jetzt steigt er aus und lässt die Welt wissen, wie korrupt und blöd dieses Finanzsystem geworden ist.

Prometheus: Ja, in dem System gibt es immer wieder ein Dutzend Gewinner und Verlierer. Das Geld ist auch nie weg. Es hat nur den Besitzer gewechselt. Diese Tatsache verstehen nur wenige Menschen. Die Schere zwischen Arm und Reich geht immer weiter auseinander. In New York war ich geschockt wie viele Obdachlose und Superreiche in der Stadt leben. Und was noch schockierender ist, dass viele Leute sich über die Finanzprodukte oder das System an sich überhaupt keine Gedanken machen. Viele verstehen wenig über die Funktionsweise des Finanzmarktes und die dort gehandelten Produkte. Das mit den Leerverkäufen ist doch auch so eine Sache: Ein paar Goldjungen rufen irgendeinen Fondsmanager an und fragen, ob sie sich ein paar Wertpapiere ausleihen können, die sie jetzt an der Börse verkaufen können. Die Papiere bringen sie dann wieder zurück, nachdem sie die Papiere wieder günstiger eingekauft haben. Die Differenz ist ihr Gewinn. Die Fondsanleger wissen überhaupt nicht, dass ihre Wertpapiere verliehen worden sind.

Momos: So eine ähnliche Geschichte lief auch neulich in Frankfurt ab. Porsche wollte Volkswagen übernehmen und der Kurs war ziemlich stark gestiegen. In Frankfurt gab es viele Banker, die die Aktien von Volkswagen für völlig überbewertet hielten und haben die Aktien von Volkswagen leerverkauft mit der Hoffnung sie günstiger zurückzukaufen. Am 28. Oktober 2008 geschah das Unglaubliche: Binnen kürzester Zeit verdoppelte sich der Aktienkurs auf über 1.000 Euro und das Unternehmen war zu dem Zeitpunkt das wertvollste Automobilunternehmen in der Welt. Das erneute Ansteigen des Kurses löste bei vielen Leerverkäufern sogenannte Margin Calls aus, die sie verpflichteten ihre Position sofort glatt zu stellen oder ihre Sicherheiten sofort zu erhöhen. Alle versuchten nun Volkswagen Aktien zu kaufen und überboten sich permanent. Da rief ein Kunde in unserer Abteilung an und verkaufte selbst 1.000 Aktien zu 1.000 Euro ohne diese Aktien zu besitzen, damit diese übertriebene Nachfrage gestillt werden konnte. Ein Tag später kaufte er 1.000 Aktien zu je 500 Euro zurück. Sein Gewinn betrug 500.000 Euro und er bedankte sich bei unseren Händlern und kaufte sich noch am selben Tag einen brandneuen Ferrari. Als Scherz hatte er einen Aufkleber aufs Heck geklebt mit dem Schriftzug: „Sponsored by Volkswagen". Das ist das reinste Spielkasino! Findest du das nicht auch?

Prometheus: Das ist schon verrückt. Hast du schon von Bernard Maddoff gehört. Er galt über Jahre hinweg als vertrauenswürdiger Geschäftsmann in New York. Jetzt hat sich herausgestellt, dass er jahrelang ein Ponzi Scheme betrieben hat und einen Schaden von über 50 Milliarden Dollar verursachte.

Momos: Ich kenne ein paar Leute, die über Dachfonds in Luxemburg in diese Madoff Fonds investiert haben. Das Geld ist wohl auch weg. Börsenaufsicht und Wirtschaftsprüfer haben versagt diesen Betrug rechtzeitig aufzudecken. Das war schon bei Enron so und bei vielen Unternehmen während der DotCom Blase. Ich meine, es gibt immer wieder Leute, die von einem Börsenboom emotional so mitgerissen werden, dass die Vernunft ausgeschaltet wird. Sie wollen alle nur jede Menge Geld verdienen.

Prometheus: Hast du von dem französischen Händler Jerome Kerviel gehört, der Anfang 2008 bei der französischen Investmentbank Societe Generale seine Risikolimits überschritten und knapp fünf Milliarden Euro verloren hat?

Momos: Er handelte mit Derivaten. Er handelte vermutlich ein paar Futures auf europäische Aktienindizes. Der Markt lief gegen ihn.

Prometheus: Zu dem Zeitpunkt hatten unsere Händler die andere Position eingenommen. Das Engagement brachte einen erstaunlichen Gewinn mit sich.

Momos: Zwei Geschichten muss ich dir noch erzählen. Es ist die Geschichte von Herr Frick und Herr Homm. Während Herr Homm auf der Flucht vor dem FBI ist, ist Herr Frick in mehreren Fällen wegen Kursmanipulationen verklagt worden. Beide Geschichten haben gemein, dass beiden Personen ein systematischer Anlagebetrug und Kursmanipulation vorgeworfen wird. In zunächst wenig liquiden Aktien sollen sie größere Positionen gekauft haben, bevor sie diese Aktien aggressiv an ihre Kunden weiterverkauft haben. So haben sie die Aktienkurse in die Höhe getrieben bis sich herausstellte, dass die Geschäftsmodelle der Firmen, die sie empfahlen, keine Substanz und keine nachhaltigen Umsätze generierten, sodass der Bankrott vorprogrammiert war.

Prometheus: Warum kaufen eigentlich Anleger diese Aktien, obwohl sie das Geschäftsmodell nicht verstehen und auch die Geschäftsberichte nie in der Hand halten? Sind die Anleger nicht irgendwie selbst schuld?

Momos: Sie vertrauen blind den Prophezeiungen der Börsengurus.

Prometheus: Zugegebenermaßen machen es die großen Investmentbanken doch sehr ähnlich mit dem Unterschied, dass die Aktien, die sie weiterverkaufen zumindest eine gewisse Substanz besitzen. Aber das Prinzip ist das selbe: Sie kaufen billig und verkaufen teuer. Zumindest versuchen sie es durch gezielte Anlageberatung und Analysten-Empfehlungen.

Momos: Wie gesagt, das Geld ist nie weg, es besitzt nur jemand anderes. Es sei denn, jemand tilgt wirklich seine Schulden. Dann ist das Geld wirklich weg.

Prometheus: Ich zitiere an der Stelle Henry Ford: „Würden die Menschen das Geldsystem verstehen, hätten wir eine Revolution noch vor morgen früh."

Momos: Auf der anderen Seite, muss man sagen, dass das System irgendwie funktioniert. Die Menschen glauben an den Wert des Geldes und solange die Zahlungs-, Tausch-, Rechen- und Wertaufbewahrungsfunktion erfüllt ist, ist alles gut.

Prometheus: Das stimmt. Solange Geld fließt, läuft die Wirtschaft. Ab dem Zeitpunkt, wo die Unternehmen nicht genug Umsätze erzielen, fallen die Einkünfte aus Arbeit und Kapitalvermögen und der nachfolgende Konsumrückgang reduziert die Umsatzhöhe und eine Rezession beginnt bis zur wirtschaftlichen Depression.

Momos: Warum ignorieren die Menschen das Verhältnis von Umsatz und Gewinn. Ich meine, warum rufen alle nach größtmöglichen Gewinnen? Schließlich ist der Gewinn doch nur etwas für Kapitalisten? Es ist der Mehrwert, den die Arbeiter erzielt haben. Also Umsatz minus Kosten.

Prometheus: An der Wall Street sagen alle Händler, dass Kapital ironischerweise auch Kosten verursacht und muss deswegen verzinst werden, sonst ist Kapital nichts wert und Kapital wäre folglich überflüssig.

Momos: Aber Kapital ist doch sowieso ohne den Einsatz von Arbeitskraft und das zugehörige Material nichts wert.

Prometheus: Die Menschen glauben das nicht. Sie glauben, das Geld einen Wert an sich besitzt. Geld ist zum Maßstab des Alltags geworden. Alles wird irgendwie in Geld umgerechnet. Also fast immer werden Preise und Kosten in einer Geldwährung ausgedrückt. Geld ist die Antwort auf die Frage: Was hält die Welt im Innersten zusammen? Zumindest aus sozialer Sicht, ist das eine interessante Antwort. Das Sein bestimmt nämlich auch das Bewusstsein. Jemand ohne Geld, wird es schwer haben zu überleben. Tatsächlich ist das eine sehr zynische Prophezeiung, aber sie ist ziemlich wahr.

Momos: Das erklärt auch den wilden Arbitrage Handel und die vielen Spekulationen. Jeder an der Börse möchte etwas schnell kaufen und schnell weiterverkaufen. Warum? Weil er Gewinne erwirtschaften will. Aber wer besitzt am Ende das angepriesene Produkt, wenn es jeder günstig kaufen und teurer verkaufen will? Es scheint so, als wollte es niemand behalten.

Prometheus: Das gilt nicht nur für die Wertpapierbörse. Das gilt für alle Produkte auf der Welt, wenn man dem Mammon verfallen ist.

Momos: Was passiert, wenn wir die Menschen über den Geld- und Finanzmarkt aufklären würden?

Prometheus: Die Menschen würden uns fragen, wie wir das eigentliche Problem lösen wollen?

Momos: Welches Problem?

Prometheus: Das Problem der Verteilungsgerechtigkeit. Wie viel Güter darf jemand akkumulieren und wer bestimmt über die Verteilung? Wir reden dann über Eigentumsfragen oder anders formuliert: Wem soll die Welt gehören?

Momos: Sag mir, wem soll die Welt gehören?

Prometheus: Ich weiß nicht, wem die Welt gehören soll, aber ich weiß, dass die Welt dem Gott des Geldes gehört. Sie gehört dem Mammon. So schließt sich der Kreis deiner Fragen.

Momos: Kann das Geldsystem nicht neu erfunden werden?

Prometheus: Meinst du bargeldlos per Kreditkarte oder Handy bezahlen?

Momos: Nein. Ich meine, dass die Menschen mit dem Wissen über das Geld sich aus ihrer selbst verschuldeten Unmündigkeit befreien. Arbeit und Kapital könnten sich gleichberechtigt gegenüberstehen. Kapitalismus wird sozial. Es ginge nicht um die Frage des größtmöglichen Gewinns, sondern es ginge um die Frage des größtmöglichen Wohlstandes.

Prometheus: Und wie messen wir Wohlstand?

Momos: Wir messen Wohlstand in politischen, wirtschaftlichen, sozialen, ökologischen und gesellschaftlichen Dimensionen. Heutzutage werden jedoch Investitionen nur an ihren Renditeerwartungen gemessen. Investitionen müssen ihren Horizont erweitern und auch die ökologischen und sozialen Dimensionen berücksichtigen. Es wäre ein aufgeklärter Kapitalismus. Denn sonst werden die Menschen von einer Krise in die nächste Krise laufen. Jetzt ist die Immobilien Blase geplatzt und was kommt als nächstes?

Prometheus: Weltweit müssen die Staaten ihre Banken und Versicherer mit Hunderten von Milliarden Dollar vor dem Bankrott retten. Die Rettungspakete müssen die Staaten mit neuen Schulden finanzieren. Das führt dann bestimmt bald zu einer Staatsschuldenkrise.

Momos: Wer finanziert eigentlich die Staaten?

Prometheus: Die Zentralbanken und die Superreichen. Sie tauschen Bargeld gegen Schuldscheine und fordern immer mehr Geld durch Zinsen und 100% Kapitalrückzahlung. Vielleicht erleben wir zwischendurch ein paar Pleiten, aber das ist das Prinzip: Finanzieren, Refinanzieren, Abschreiben und Neu Investieren.

Momos: Was wirst du machen, wenn du dein Studium abgeschlossen hast?

Prometheus: Ich werde eine Ausbildung zum Bäckermeister absolvieren und nebenbei Agrarwissenschaften studieren. Danach beteilige ich mich an ein paar Urban Farming Projekten und reise mit dem Fahrrad einmal um die Welt. Du solltest ein Ingenieur Studium anfangen und an einer

Welt bauen, die erneuerbare Energien fördert und nebenbei Lösungen erarbeiten, wie man den Atommüll auf der Welt richtig entsorgt. Auf jeden Fall, werde ich die Leute aufklären, damit sie keine Studienkredite aufnehmen und sich nicht in die Sklaverei der Wall Street verkaufen. Ich möchte den Leuten sagen, dass sie mehr Bio Produkte kaufen sollen und auf den Tierschutz und Umweltschutz achten. Außerdem möchte ich die Kunst und eine Ästhetik des Schönen, Wahren und Guten fördern im Bereich der Architektur, der Mode, der Malerei, der Fotografie, des Films und der Bildhauerei. Die Leute sollen lernen glücklich zu sein. Die Arbeit der Zukunft muss auf diese Ziele hinarbeiten, sonst arbeiten wir uns tot.

Momos: In anderen Worten möchtest du die Welt von dem Bösen befreien. Du möchtest die Menschen von der Armut und dem Hunger befreien. Du möchtest den Menschen zeigen, welches schöpferisches Potential in ihnen steckt.

Prometheus: Ich möchte den Menschen keine Fische in den Mund legen. Ich möchte ihnen zeigen, wie man fischt und gleichzeitig erklären, wie wichtig es ist mit begrenzten Ressourcen umzugehen. Wir können doch nur ernten, was wir sähen. Bildung ist eine gute Basis. Ich möchte die Menschen von sowohl geistiger, als auch materieller Armut befreien. Außerdem hoffe ich, dass die Menschen zu einer Art aristotelische Mitte finden können.

Momos: Glaubst du die Corporate Social Responsibility Modelle sind der richtige Weg?

Prometheus: Solange CSR nicht in unsere alltägliche Praxis umgesetzt wird, verteilen wir nur ein paar Fische, aber lernen die Menschen nicht zu fischen. Der IWF und die Weltbank haben jahrelang im Auftrag der westlichen Industrienationen viele Entwicklungsländer in eine Schuldenkrise geführt und den Ländern ihre Rohstoffe genommen. Durch den Mangel an Perspektiven verkaufen die Menschen in Entwicklungsländern ihre Arbeitskraft für einen Hungerlohn. Es ist ein Teufelskreislauf. Es geht natürlich wieder um den Profit. Was wirst du nach deinem Studium machen?

Momos: Ich habe ein großartiges Angebot. Ich beginne meine Karriere bei der Goldberg Investmentbank AG. Aber ich verspreche dir, dass ich deinen Wunsch nach einer besseren Welt äußern werde und ich werde für eine bessere Moral in der Wirtschaft kämpfen.

Prometheus: Viel Glück.

2. Die berufliche Laufbahn von Momos als Junior Trader in der Goldberg Investmentbank AG

Momos steigt nach seinem Universitätsstudium als Junior Trader bei der Goldberg Investmentbank AG ein. Nach dem Einstieg von Redrock bei Goldberg soll Momos helfen das passive Fondsgeschäft mit ETFs weiter auszubauen. Nebenbei kümmert er sich zusammen mit seinem Kollegen und Senior Trader Daidalos um das tägliche Geschäft im Eigenhandel und dem Kommissionsgeschäft mit Wertpapieren. Schnell erkennt Momos viele moralische Probleme in der Bank und im täglichen Geschäft. Seine scharfe Kritik und sein ständiges Hinterfragen an den Geschäften der Goldberg AG bleibt nicht folgenlos. Schon bald sollte der Kampf gegen Mammon beginnen.

Der Aufstieg auf den Olymp des Geldes

Frankfurt am Dienstag, den 1. September 2009, um 9 Uhr. Nach seinem Hochschulabschluss setzt Momos seine Karriere als Junior Trader bei der privaten Goldberg Investmentbank AG fort. Der Konzern ist international tätig und wird vom erfolgsverwöhnten Star-Banker Midas als CEO geleitet. Ikarus, der persönliche Assistent von Midas, begrüßt Momos in der Konzernzentrale in Frankfurt und führt ihn durch die Geschäftswelt des Unternehmens.

Ikarus: Herzlich willkommen bei der Goldberg AG. Heute ist dein erster Tag und ich möchte die Gelegenheit nutzen dir das Unternehmen einmal ganz genau vorzustellen. Ich hoffe du konntest mittlerweile eine Wohnung in Frankfurt finden?

Momos: Danke, dass ich hier anfangen darf. Es freut mich sehr. Ja, also im Moment wohne ich noch in einem kleinen Hotel in einem Vorort von Frankfurt, aber ich habe schon ein paar Termine mit Maklern diese Woche. Ich hoffe, da ist etwas dabei, was mir gefällt.

Ikarus: Ich denke, dass es im Moment noch ganz gute Angebote auf dem Markt gibt. In den letzten Monaten gab es nämlich viele Pleiten und Probleme in der Wirtschaft, insbesondere in der Finanzbranche. Daher sollten ein paar schöne Wohnungen frei sein zu einem verhältnismäßig guten Preis. Wenn du ein gutes Angebot hast, dann zögere nicht zu lange. Aber kommen wir nun zu unserem Geschäft.

Momos: Was muss ich wissen?

Ikarus: Siehst du die Uhren dort oben? London 8 Uhr, Frankfurt 9 Uhr, Moskau 10 Uhr, Singapur 15 Uhr, Tokio 16 Uhr, Sydney 17 Uhr, Los Angeles 0 Uhr, Houston 2 Uhr und New York 3 Uhr. Regel Nr. 1: Geld schläft nicht. Wenn in Tokio die Sonne untergeht, geht Sie in New York auf. Wir machen Geschäfte rund um die Uhr.

Momos: Gut. Wo und mit wem werde ich an was arbeiten?

Ikarus: Sehr gute Frage. Du arbeitest hauptsächlich mit mir und Midas zusammen im obersten Stockwerk. Du wirst Teil sein einer Special Task Force in der Handelsabteilung zusammen mit einem Praktikanten und einem Senior Trader. Vielleicht wirst du auch auf ein paar Geschäftsreisen geschickt.

Momos: Was wird diese Special Task Force machen?

Ikarus: Im Grunde genommen, ist es ein gemeinsames Projekt mit unseren beiden anderen Abteilungen: Fonds und M&A Beratung. Midas ist als CEO für das Gesamtgeschäft verantwortlich, aber auch für seine Wertpapierhandelsabteilung. Krösus leitet das M&A Geschäft und Hades leitet das Fondsgeschäft. Midas, Krösus und Hades bilden die Mitglieder der Geschäftsführung der Goldberg Investmentbank AG. Aber das nur nebenbei. Das Motto dieser Firma lautet: Umsatz und Gewinn steigern, expandieren und die Welt beherrschen. Deswegen beschäftigt sich die Special Task Force mit einem stark wachsenden Produkt, namens Exchange Traded Funds, kurz ETFs. Um die Auflage und Verwaltung der Fonds kümmert sich die Fondsabteilung. In der Handelsabteilung wickeln wir die Geschäfte ab und die M&A Berater basteln an freundlichen und feindlichen Übernahmen. Das kurz zur Übersicht. Details gibt es morgen in einem Meeting. In der Zwischenzeit kümmerst du dich um das Tagesgeschäft im Kommissionsgeschäft und dem Eigenhandel für Europa zusammen mit den anderen Händlern hier in Frankfurt und London. Meine Aufgabe als Vize Präsident, kurz VP, ist es Kunden zu akquirieren und Produkte zu verkaufen. Ich habe auch gleich einen Kundentermin in der Stadt und muss mich deswegen etwas beeilen. Gibt es irgendwelche Fragen?

Momos: Wie viele Leute arbeiten hier in Frankfurt?

Ikarus: In Frankfurt sind wir 50. Weltweit sind wir fast 350 plus eine Reihe von selbstständigen Finanzvermittlern, Steuerberatern, Anwälten, Immobilien- und Börsenmaklern, Buchhaltern und Wirtschaftsprüfern, die exklusiv mit uns zusammenarbeiten. Die meisten Leute arbeiten in New York, London und Frankfurt. Kleinere Teams sitzen in Wien, Luxemburg, Zürich, Mailand, Paris, Barcelona, Monaco, Moskau, Singapur, Tokio, Sydney, Los Angeles, Houston, Chicago sowie auf den Bahamas und den Grand Cayman Islands. Demnächst wollen wir noch ein Büro in Dubai öffnen. Aber um diese ganze Expansionsgeschichte kümmert sich der Vorstand und der Aufsichtsrat. Vielleicht haben wir auch noch wo anders eine Niederlassung. Vielleicht haben wir auch ein paar Niederlassungen schon wieder geschlossen. Ich weiß es nicht. Ich kann nur sagen, dass hier immer etwas los ist und es nie langweilig wird. Wir kommunizieren fast täglich mit der ganzen Welt. Die Aktien der Goldberg AG sind in Frankfurt und New York an der Börse gelistet.

Momos: Gehört die Hades Investment Management Group aus New York zum Fondsgeschäft der Goldberg AG? Ich frage, weil ein Kommilitone und guter Freund von mir hat dort letztes Jahr ein mehrmonatiges Praktikum absolviert.

Ikarus: Das ist richtig. Die Hades Investmentgesellschaft ist ein Tochterunternehmen der Goldberg Investmentbank AG und bündelt das Fondsgeschäft weltweit. Die M&A Beratung wird weltweit vollzogen von der Krösus Beratungsgesellschaft, die ebenfalls ein Tochterunternehmen der Goldberg Investmentbank AG ist.

Momos: Wann und wo haben die Drei sich kennengelernt, um diese Firma zu gründen?

Ikarus: In den 90er Jahren haben sie alle bei der gleichen Firma im Investment Banking gearbeitet. Hades war in New York, Midas in London und Krösus in Frankfurt. Zusammen waren sie ein magisches Dreieck. Sie haben maßgeblich zu dieser ganzen Dotcom Blase beigetragen, aber rechtzeitig haben sie mit ein paar Millionen die Bühne verlassen.

Momos: Warum ist die Konzernzentrale in Frankfurt?

Ikarus: Deutschland genießt auf der Welt großes Vertrauen und die Deutschen besitzen einen gewissen Qualitätsanspruch. Krösus hat Midas und Hades davon überzeugt die Konzernzentrale nach Frankfurt zu verlegen wegen der guten deutschen Reputation. Vor dem Börsengang arbeiteten für die Goldberg AG nie mehr als 30 Personen. In der Vergangenheit war die Goldberg AG ein sehr spezialisiertes Team für Fonds, Trading und M&A Beratung. Jetzt ist alles größer und schneller geworden.

Momos: Und was ist jetzt? Wer besitzt die Aktien der Goldberg Investmentbank AG?

Ikarus: Ursprünglich wurde diese Gesellschaft von Hades, Krösus und Midas im Jahr 2001 mit einem Startkapital von 15 Millionen Euro gegründet. Die Firma gehörte ihnen zu 100%. Im Jahr 2003 haben sie die Firma für den doppelten Preis an das britische Private Equity Unternehmen Redstone verkauft. Im Gegenzug erhielten Hades, Krösus und Midas einen lukrativen Anstellungsvertrag und blieben weiterhin die Geschäftsführer. Redstone investierte knapp 70 Millionen Euro zusätzlich und konnte viele neue Kunden an Goldberg vermitteln. Das Geschäft ist extrem gewachsen und der Gewinn ist von 1,5 Millionen Euro im Jahr 2003 auf über 20 Millionen Euro im Jahr 2007 geklettert. Der Umsatz im Jahr 2007 betrug sagenhafte 100 Millionen Euro. Im gleichen Jahr brachte Redstone das Unternehmen an die Börse und verkaufte seinen kompletten Anteil an diverse Investorengruppen weltweit für 200 Millionen Euro. Midas, Krösus und Hades zählten ebenfalls zu den Investoren und kauften 20% der Firma wieder zurück. Für Redstone waren das 100% Rendite in weniger als vier Jahren. Redstone verdiente 100 Millionen Euro bei diesem Deal. Aber im letzten Jahr 2008 waren die Handelsverluste riesig und das verwaltete Vermögen brach zeitgleich mit den Aktienmärkten ein. Weniger Gebühreneinnahmen und keine Performance Fees. Das Beratungsgeschäft war plötzlich nicht der Rede wert und die Firma hatte ernste Liquiditätsprobleme nach einem Verlust von 90 Millionen Euro letztes Jahr. Damit verzockte das Unternehmen mehr als den gesamten Gewinnvortrag der letzten vier Jahre. Die Kapitalrücklagen waren empfindlich getroffen. Der Aktienkurs stürzte letztes Jahr um mehr als 50% ab.

Momos: Ja, aber das Unternehmen scheint dieses Jahr die Kurve gekriegt zu haben. Schließlich sucht die Goldberg AG ein Haufen neuer Mitarbeiter für das Geschäft. Was hat sich so signifikant verändert?

Ikarus: Sehr gute Frage, aber auch etwas kompliziert zu beantworten. Die Firma Goldberg ist eine junge dynamische Investmentbank und ist bei weitem noch nicht so präsent wie die anderen großen Fondsgesellschaften und Banken dieser Welt. Das erklärte Ziel war immer Marktanteile zu gewinnen. Midas, Hades und Krösus haben alle in den letzten zwei Jahrzehnten gelernt und gesehen wie viel Geld man da draußen verdienen kann und die wollen auch jede Menge Geld verdienen. Redstone war der perfekte Motivator und eröffnete ganz neue Perspektiven, brachte aber auch viele Veränderungen mit sich. Der Vorstand war plötzlich nicht mehr Eigentümer, sondern wurde von dem neuen Eigentümer beauftragt Geld zu verdienen. Die Anstellungsverträge hatten eine bestimmte Laufzeit und setzten sich aus einer kleinen fixen Vergütung und einer variablen Gewinnbeteiligung zusammen. Je höher der Umsatz und der Gewinn der Firma Goldberg war, desto mehr Bonus wurde gezahlt. Jeder von den drei Vorstandsmitgliedern konnte mehr als 1 Mio. Euro im Jahr 2007 verdienen. Aber was ist 1 Mio. Euro im Jahr, wenn ein Fußballer bei einem europäischen Top Club 1 Mio. Euro im Monat verdient? Wenn du einmal in deinem Leben mehr als 100.000 Euro verdienst, dann willst du mehr als 1 Million Euro verdienen und wenn du mal 1 Million Euro verdient hast, willst du mehr als 10 Millionen Euro verdienen und danach willst du Hunderte von Millionen und danach möchtest du Milliardär werden. Das ist ein einfaches Dezimalsystem. Wer einmal Blut leckt, der will noch mehr!

Momos: Also es gibt eigentlich keine Grenzen nach oben?

Ikarus: Midas hat einmal zu mir gesagt, dass ich lernen sollte die Grenzen durchzubrechen. Ich sollte lernen „Outside the Box" zu denken. Ich sollte doch mal versuchen zum Himmel zu fliegen. Krösus meinte anschließend, ich sollte den Himmel vergessen und bis zu den Sternen fliegen. Und Hades musste lachen und sagte nur, dass ich mir dann doch nicht so viel Mühe geben müsse, weil er alleine der Master of the Universe sei.

Momos: Wirst du versuchen ein Master of the Universe zu werden?

Ikarus: Seitdem ich in diesem Unternehmen arbeite bin ich jedes Jahr befördert worden. Wenn ich so weitermache, dann bin ich vielleicht auch bald Vorstandsmitglied. Aber irgendwann ist viel Politik im Spiel und die Luft wird immer dünner. Es geht einfach um sehr viel Macht. Hades verwaltet Milliarden von Euro an Kundengeldern. Das macht ihn in der Firma sehr mächtig. Ohne das Fondsgeschäft würde der Handel mit Midas nicht richtig laufen und ohne Fonds und ohne Handel kann Krösus keine M&A Deals initiieren oder abwickeln. Abgesehen davon kann der Hades theoretisch so viele Unternehmen und Staaten durch seine Investitionen mit Geld beeinflussen. Das ist unfassbar, aber auch irgendwie geil. Das will ich auch. Bei Hades musst du Sympathie gewinnen. Wenn du bei Hades gut ankommst, dann läuft das gut hier für dich.

Momos: Aber bist du nicht schon immer Vize Präsident dieser Firma gewesen?

Ikarus: Ja, das stimmt. Aber Gehaltstechnisch bin ich immer befördert worden. In der Summe habe ich in den letzten fünf Jahren auch eine Million Euro verdient. Aber ich will noch mehr. Deswegen bist du doch auch hier, oder?

Momos: Ich habe aber keine variablen Gehaltskomponenten.

Ikarus: Sei doch froh. Fix ist immer besser als variabel. Naja. Es kommt darauf an. Aber wenn du gut bist, dann bekommst du auch einen Bonus.

Momos: Wer besitzt denn jetzt die Firma nach dem Börsengang und was hat sich so signifikant verändert?

Ikarus: Die Aktionärsstruktur hat sich geändert. Das Grundkapital betrug vor dem Börsengang 2 Mio. Euro und war aufgeteilt in 2 Mio. Aktien. Zum Börsengang begann Redstone seine gesamte Beteiligung bis zum Ende des Jahres 2007 zu veräußern. Der Vorstand kaufte sich mit knapp 20% in die Firma zurück. Die restlichen Aktien befanden sich im Streubesitz. Gleichzeitig wurde das Grundkapital durch den Börsengang von 2 Mio. auf 2,4 Mio. Euro erhöht durch die Ausgabe neuer Aktien. Eine Wandelschuldverschreibung im Gesamtumfang von 100 Mio. Euro, eingeteilt in 1.000 Anleihen mit einem Nennwert von jeweils 100.000 Euro, die eine Wandlungspflicht in 1.000 Aktien verbrieft, wurde ebenfalls am Markt verkauft. Der Wandlungspreis war auf 100 Euro je Aktie festgelegt. Das entsprach dem durchschnittlichen Kursniveau seit dem Börsengang bis Ende 2007.

Momos: Wer hat die Wandelanleihe gekauft, die nach dem Börsengang im Jahr 2007 emittiert wurde?

Ikarus: Die Anleihe war in ein paar Fonds, die Hades verwaltete, sowie in zahlreichen anderen institutionellen Fonds. Die Anleihe sollte ein paar hochverzinsliche Immobilienprojekte in Europa und der USA finanzieren.

Momos: 2008 war bekanntlich das Horrorjahr.

Ikarus: Bei der Hauptversammlung 2008 wurde beschlossen ein genehmigtes Kapital in Höhe von weiteren 1,2 Mio. Euro für die Ausgabe neuer Aktien zu bilden, um neue Wachstumspläne zu finanzieren. Später stellte sich heraus, dass es zur Rekapitalisierung dienen sollte. Der Quartalsbericht Q1 2008 war der letzte Bericht, der ein positives Finanzergebnis vorzuweisen hatte. Der Aufsichtsrat war so vorausschauend, dass er sein Vergütungsmodell und das Vergütungsmodell von der Geschäftsführung von der Aktienkursentwicklung entkoppelte und die fixe Vergütung versechsfachte. Bei der Hauptversammlung 2009 präsentierte der Vorstand das Ergebnis für das abgelaufene Geschäftsjahr: Ein Verlust in Höhe von 90 Mio. Euro war entstanden. Die Rating Agenturen stuften das Unternehmen sofort herab und es drohte die Zahlungsunfähigkeit. Der Aktienkurs fiel von über 100 Euro im Dezember 2007 auf unter 30 Euro im Dezember 2008. Der Vorstand musste beobachten, wie sein Aktienpaket sich immer mehr in Luft auflöste. Weihnachten 2008 wären wir alle am Liebsten aus dem Fenster gesprungen. Es ist alles zusammengebrochen. Im Januar 2009 gab der Vorstand dann bekannt, das Grundkapital um 1,2 Mio. Aktien zu erhöhen mit einem Ausgabepreis von 25 Euro. Es war ein tödliches Signal, weil der Preis noch unter dem aktuellen Börsenkurs lag. Die Aktionäre waren empört, obwohl sie die Vorstände bei der Hauptversammlung ein Jahr zuvor noch mit großer Mehrheit entlasteten und ihre Vorstandverträge auf Vorschlag des Aufsichtsrates um weitere fünf Jahre verlängert haben.

Momos: Haben die Aktionäre die immer risikoreicheren Geschäfte nicht hinterfragt?

Ikarus: Für die Aktionäre zählte immer nur der Gewinn und die Dividende des Unternehmens. Bei den Hauptversammlungen folgen die Aktionäre eigentlich immer den Empfehlungen des Aufsichtsrates und der Geschäftsführung. Abgesehen davon, veränderte sich die Aktionärsstruktur seit dem Börsengang fast täglich. Viele Aktionäre spielen ja auch nur mit unserer Aktie, so wie wir auch mit anderen Aktien spielen. Wir kaufen und versuchen teurer zu verkaufen.

Momos: Warum kauften sich eigentlich Midas, Hades und Krösus zurück in das Unternehmen?

Ikarus: Ich glaube, sie wollten dem Markt mit ihrem Investment Vertrauen schenken. Redstone erhöhte im Gegenzug die Vergütung der Vorstände. Im Klartext hieß das: Drei Millionen Euro pro Jahr pro Kopf. Und das Beste:
Sollte das Vertragsverhältnis vorzeitig beendet werden, stand dem Vorstand die Gesamtvergütung für die Restlaufzeit unmittelbar zu. Für alle drei Vorstandsmitglieder bedeutete das ein Gesamtanspruch von 36 Millionen Euro für die verbleibenden vier Jahre.

Momos: Ich denke, dass ohne Kapitalerhöhung das Unternehmen mit oder ohne Kündigung der Vorstandsmitglieder in die Insolvenz gefahren wäre.

Ikarus: Midas, Hades und Krösus haben sich gegen ihre Aktienkursverluste clever abgesichert. Ehrlich gesagt, kann man im Falle einer Insolvenz nicht genau abschätzen, wie viel Gehalt sie geltend machen können, da es von der Insolvenzmasse abhängen würde. Abgesehen davon, sind die Drei Mitglieder in einem Dutzend von Aufsichtsräten und Vorständen diverser anderer Unternehmen im Goldberg Konzern und außerhalb des Goldberg Konzerns aktiv. Die Geschäftsführer brauchen sich um Geld keine Sorgen machen.

Momos: Wer sind nun die aktuellen Eigentümer? Was ist eigentlich mit den 100 Millionen Euro aus der Wandelschuldverschreibung passiert?

Ikarus: Eine US amerikanische Vermögensverwaltungsgesellschaft mit dem Namen Redrock hat an mehreren Stellen zugeschlagen und die Panik am Markt für sich genutzt. Die Anleihe ist total abgestürzt, da sie an der Aktienkursentwicklung partizipierte. Die Abstufung der Bonität führte zu einem Verkauf der Anleihe in vielen Fonds, da ihre Vertragsbedingungen vorsahen, die Papiere ab einer gewissen Note zu verkaufen. Der einzige Käufer war Redrock und Redrock hat einen Plan mit uns. Alle Geschäftsbereiche stehen nun auf dem Prüfstand und eine Strategie für das kommende Jahr 2010 wird in Kürze bekanntgegeben. Nach Wandlung der Schuldverschreibung in das Eigenkapital besitzt Redrock zurzeit 30% von insgesamt 4,6 Millionen ausstehenden Aktien. Bis zum Ende des Jahres wird das Grundkapital erneut um 400.000 Aktien erhöht. Das Gute ist, dass Redrock uns zusätzlich einen Kredit in Höhe von bis zu 1,5 Mrd. Euro bereitstellt. Damit haben wir genug Spielgeld für eine aggressive Expansion. 200 neue Leute sind direkt von Redrock zu Goldberg gewechselt und unsere Präsenz weltweit wurde dadurch stark erweitert. Das erklärt auch warum wir so viele neue Leute suchen: Weil wir wieder expandieren.

Momos: Uns stehen mehr als 1,5 Mrd. Euro an Cash zur Verfügung?

Ikarus: Ja. Spätestens nächstes Jahr geht es hier rund.

Momos: Weißt du, welche Strategie dieses Unternehmen hat?

Ikarus: Ich vermute, die Goldberg AG soll sich langfristig als Fondsgesellschaft etablieren, insbesondere in dem neuen stark wachsenden ETF Business. Vor knapp drei Monaten hat Redrock den Konkurrenten Glory Global Investors für 11,5 Mrd. Dollar gekauft und damit sein zu verwaltendes Fondsvermögen auf 2.200 Mrd. Dollar gesteigert. Jetzt ist Redrock bei uns eingestiegen und vielleicht werden wir irgendwann komplett übernommen.

Momos: Wer weiß, was die Zukunft bringt. Und PVP Partners bekommt von Glory Global wahrscheinlich 175 Millionen Dollar als Strafzahlung, weil PVP Partners ein Übernahmeangebot vor dem Übernahmeangebot von Redrock abgegeben hat. Optional konnte Glory Global gegen eine Strafzahlung in Höhe von 175 Millionen Dollar von der Annahme des Angebots von PVP zurücktreten, falls irgendjemand anderes ein höheres Angebot abgibt.

Ikarus: Ja, das habe ich auch gehört. Die Glory Global Mitarbeiter sollen wohl auch einen zusätzlichen Bonus von über 380 Millionen Pfund vom neuen Eigentümer erhalten. Allein der Präsident von Glory Global soll 22 Mio. Pfund erhalten. Das sind die Deals im großen M&A Geschäft. Da wollen wir auch hin. Nun ich muss jetzt zu meinem Termin. Daidalos ist der Senior Trader, der sich um dich kümmern wird. Er hat auch schon ein paar interessante Aufgaben für dich bereit. Morgen um 8 Uhr bist du zur Vorstandssitzung eingeladen. Dann erfährst du die neuen Geschäftsentwicklungen.

Momos: O.k. Danke. Bis morgen.

Die Vorstandssitzung der Master of the Universe

Frankfurt am Mittwoch, den 2. September 2009, um 8 Uhr. Im Konferenzraum haben sich folgenden Personen versammelt: Momos, Daidalos, Ikarus, Midas, Krösus und Hades. Die Geschäftsführung erläutert die aktuellen Geschäftsentwicklungen.

Midas: Herzlich willkommen zu unserer Vorstandssitzung. Insbesondere möchte ich unseren neuen Junior Trader Momos vorstellen. Er gehört zu meiner Abteilung und ich freue mich sehr ihn heute begrüßen zu dürfen.

Momos: Danke für den freundlichen Empfang.

Midas: Nun es stehen ein paar wichtige Punkte auf unserer heutigen Agenda. Hades wird über die Entwicklung im Fondsgeschäft berichten und uns den beabsichtigten Auf- und Ausbau des ETF Geschäfts erläutern. Krösus wird über Entwicklungen im M&A Geschäft berichten. Und ich werde zum Schluss über unsere Engagements und unser Strategie in der Handelsabteilung berichten. Möchte jemand noch zusätzliche Punkte mit aufnehmen?

Ikarus: Nein. Wir können beginnen. Ich führe wie immer Protokoll.

Hades: Seit dem Einstieg von Redrock in unserem Unternehmen gibt es die klare Zielsetzung uns als Fondsanbieter von ETF Produkten zu etablieren. Weitere finanzielle Zuwendungen von Redrock erreichen uns deshalb nur, wenn wir das zu verwaltende Vermögen im Bereich der ETFs signifikant steigern. Unser Team war in den letzten Jahren im Bereich der Rohstoff ETFs engagiert, jedoch nicht in Aktienindex-basierte oder andere indexbasierte ETFs. Letztere werden wir weiter ausbauen, indem wir neue Fonds in Deutschland und Luxemburg registrieren lassen. Startkapital kommt von ein paar Dachfonds von Redrock. Darüber hinaus haben wir eine Liste von Investments, die unsere Fonds akquirieren sollen. Dabei handelt es sich um kleine bis mittelgroße Unternehmen hauptsächlich aus Nordamerika, Asien und Europa. Daneben sollen wir in naher Zukunft auch verstärkt in Staatsanleihen investieren, insbesondere in die Länder, auf die eine Staatsschuldenkrise zukommt. Dazu zählen Spanien, Portugal und Griechenland. Zusätzlich sollen ein paar spezielle Infrastruktur- und Immobilienfonds aufgelegt werden. Natürlich sollen Verbriefungen weiterhin eine große Rolle spielen. Redrock wird uns viele Investments dann zu höheren Preisen über ihre Fonds abkaufen. Mit dieser Strategie können wir dann flächendeckend höhere Verwaltungsgebühren und Performance Fees abkassieren. Redrock hat außerdem den Wunsch geäußert ein paar High Frequency Fonds aufzulegen, die passiv eine vom Computer vorgegebene Handelsstrategie selbstständig ausführen. Über das Thema High Frequency habe ich heute Abend eine Telefonkonferenz mit New York. Über weitere spezielle Wertpapier Engagements wird Midas noch berichten. Ich werde gleich die Sitzung verlassen müssen, da ich heute noch ein paar Vorstands- und Aufsichtsratssitzungen von anderen Unternehmen wahrnehmen muss.

Krösus: Ich habe später auch noch ein paar Sitzungen.

Midas: Dafür verdient ihr jede Menge Geld. Aber wie viele Mandate besitzt ihr eigentlich?

Hades: Als Geschäftsführer bin ich in 111 verschiedenen Gesellschaften und als Aufsichtsrat bin ich für 29 Gesellschaften aktiv. Das sind hauptsächlich ein paar Briefkästen registriert in der Karibik und den Kanalinseln. Es gibt nur ein paar Gesellschaften, wo ich wirklich viel nachdenken muss und ein echtes Mandat ausübe. Viele Unternehmen sind Zweckgesellschaften, die für unser Verbriefungsgeschäft notwendig sind. Und der Rest...Du weißt doch Midas, ich bin dort nur Geschäftsführer, damit wir international tätigen Unternehmen helfen ein paar Steuern zu sparen und ausgewählten Privatkunden bieten wir ein Versteck für ihre großen Vermögen.

Midas: Um das Fondsgeschäft kümmerst du dich doch trotzdem noch, neben deinen Mitgliedschaften in verschiedenen Unternehmen?

Hades: Selbstverständlich. Aber ich bin auch nicht allein. Zusätzlich haben wir eine Reihe von Investmentmanagern, die sich um das tägliche Geschäft kümmern. Was man nicht selber machen kann, dass muss man dann delegieren oder outsourcen an ein paar Service Provider.

Midas: Ja. Delegieren ist immer gut. Und wie läuft es bei dir Krösus?

Krösus: Ich besitze ungefähr gleich viele Mandate. Aber so ist das Leben. Die Wirtschaftsprüfer vor Ort haben aber keine Bedenken. Insofern bin ich beruhigt. Aber wenn was schiefgeht, sind wir doch eh versichert oder, Midas?

Midas: Ja, versichert sind wir alle über eine D&O Versicherung. Kopfzerbrechen macht mir nur diese zuneh-

mende Transparenzgewalt dieser Gutmenschen da draußen wie diese Plattform Wikileaks. Die stellen so viel sen-
sibles Kundenmaterial öffentlich zur Verfügung. Ikarus,
kannst du dich bitte um unsere IT Sicherheit kümmern?
Ich will nicht, dass wir in der Presse landen.

Hades: Gibt es noch irgendwelche Fragen?

Daidalos: Wie sollen diese ETFs abgebildet werden? Synthetische Abbildung oder volle Replikation? Sollen die
Wertpapiere der Fonds auch verliehen werden?

Hades: Midas, kannst du das beantworten? Ich weiß das
nicht so genau.

Midas: Du machst doch die Fonds, oder nicht?

Hades: Ich achte nur auf die Renditen und rechne eine
paar Risikomodelle durch. Bei den Rohstofffonds replizie-
ren wir synthetisch durch Swap Geschäfte oder nicht?

Krösus: Ich glaube es wäre an der Zeit ein Paar Fonds zu
verschmelzen oder?

Hades: Das kommt gar nicht in Frage. Je mehr Fonds,
desto mehr Strategien können wir abbilden und wir können ein paar Vermögenswerte innerhalb unserer Fonds
bewegen. Mit Redrock zusammen können wir noch mehr
Transaktionen abwickeln. Das freut bestimmt Midas, weil
er mehr Gebühren kassieren kann. Also Midas, wie machen wir das jetzt mit den ETFs?

Midas: Hauptsächlich werden wir die Performance von Indizes synthetisch durch Swaps abbilden. Swap Gegenpartei werden, abhängig vom Geschäft, wir selber sein oder irgendein Idiot auf dem Markt, dem wir irgendein Schrott andrehen können. So wie immer eigentlich. Die Wertpapiere werden wir auf jeden Fall verleihen. Schließlich steigert das unsere Rendite.

Daidalos: Eine nicht synthetische Replikation wäre mit viel mehr Aufwand verbunden, die wir in dem kleinen Team nicht bewerkstelligen könnten.

Midas: Deswegen machen wir die Swap-Geschichte. Immer schön kosteneffizient. Das steigert die Rendite. Krösus, möchtest du uns über den M&A Markt berichten?

Krösus: Natürlich. Wir haben nach wie vor ein paar Kunden mit viel Geld in der Tasche, die weiter expandieren wollen und uns eine Einkaufsliste mit Wunschunternehmen gegeben haben. Das Problem ist nur, dass die Eigentümer der Zielunternehmen nicht immer verkaufen wollen.

Midas: Aber dafür gibt es doch immer eine Lösung. Wenn jemand nicht verkaufen will, dann wird er eben umgestimmt. Und wenn er nicht umgestimmt werden kann, dann müssen wir durch ein paar Kredite und Zinsen den Verkauf erzwingen. Das machen wir doch immer so. Und wenn das Unternehmen an der Börse gelistet ist, dann spielen wir etwas mit der Aktie rum. Mit Redrock haben wir Zugriff auf so viele Unternehmen, sodass wir dort schnell ein paar Kurse beeinflussen können. Wenn wir dem Vorstand des Zielunternehmens schöne Wachstumsphantasien präsentieren, dann nehmen sie schnell ein paar

Kredite für die geplante Expansion auf. Und wenn das Unternehmen in Zahlungsschwierigkeiten gerät, dann wird das Unternehmen vielleicht doch verkauft.

Krösus: Dann hilf mir bitte bei der Baumarktkette Galaktika. Die Baummarktkette besitzt ein paar interessante Standorte, wo eine andere Baumarktkette interessiert ist. Aber das Zielunternehmen verkauft nicht. Du kennst dich doch aus mit dem Einzelhandelssektor.

Midas: Du meinst den gestrigen Insolvenzantrag von Analandor oder das Ding mit den Autoteilen? Die Initiative diesen Einzelhandelskonzern aufzuspalten und die Immobilien an unsre Fonds zu verkaufen hat mich auch ein paar Monate gekostet. Bei der Baumarktkette werde ich versuchen den Verschuldungsgrad zu erhöhen. Dann rufe ich ein paar Unternehmensberater an, die auf Honorarbasis ein paar Kosten vor Ort verursachen und neue Geschäftsideen präsentieren können. Aber dafür brauche ich ein wenig Zeit. Das kann auch mehrere Monate oder Jahre in Anspruch nehmen. Aber ich werde den Anstoß geben.

Hades: Haltet ihr noch Anteile an dem Fonds mit den ehemaligen Immobilien des Analandor Konzerns? Die jährlichen Mieteinnahmen in diesem Fonds lagen bei über 40 Millionen Euro pro Jahr. Die Bank- und Fondsgebühren waren auch schön hoch. Das war ein Monster Deal mit den Immobilien.

Krösus: Ich habe verkauft. Das Geschäft war mir am Ende etwas zu wild. Das Treiben der beiden letzten Vorstandsvorsitzenden war ein Riesen Debakel. Die Gehaltsansprüche dieser beiden Vorstände standen in keinem Verhältnis mehr zum operativen Geschäft.

Midas: Ich habe meine Fondsanteile verkauft und seit 2008 auf die Insolvenz gesetzt mit Hilfe von Put-Optionen und Leerverkäufen. Aus diesem Geschäft bin ich jetzt raus. Mit Gewinn natürlich. Unsere Handelsabteilung lag auch auf der richtigen Seite. Nur die alte Großaktionärin der Analandor AG hat ihr Milliardenimperium dagegen in sehr kurzer Zeit verloren. Wer die Dame wohl beraten und betreut hat?

Hades: Krösus, wo können wir demnächst mit ein paar Fusionen und Übernahmen rechnen?

Krösus: Fluggesellschaften, Medizin, Öl- und Gas, Pharma, Nahrungsmittelindustrie, Finanzdienstleistungen, Rüstungsindustrie und Telekommunikation sind Branchen auf denen ich mit meinem Team gerade arbeite. Es wird überall dort fusioniert und übernommen, wo man Geld verdienen kann. Überall dort, wo wir Umsatz und Gewinn steigern können, dort suchen wir die Gespräche und beraten regelmäßig.

Momos: Lohnen sich die Fusionen und Übernahmen auch aus sozialer und ökologischer Hinsicht?

Krösus: Wir sind eine Investmentbank und kein gemeinnütziger Verein! Wir rechnen hier mit Rendite- und Risikoerwartungen. Wenn du die Welt verbessern willst, dann musst du dir einen anderen Laden suchen.

Hades: Das ist eine berechtigte Frage, aber in unserer Branche interessiert das niemanden. Deswegen vernachlässigen wir alle Fragen, die kein Geld bringen.

Momos: Aber wenn Investments auf ihre sozialen und ökologischen Auswirkungen analysiert werden, könnte die
Volatilität und das Ausfallrisiko eines Investments reduziert werden, da die Anleger in ein Finanzinstrument investieren, das den Verkauf und die Produktion von Produkten unterstützt, die die Menschen, als Konsumenten
wirklich schätzen. Investitionen in erneuerbare und saubere Energien, Recyclinganlagen, Urban Farming, Bio-
landwirtschaft oder Öko Tourismus erscheinen mir sinn-
voll. Investitionen in energieeffizienten und ästhetischen
Wohnungsbau scheinen mir auch eine gute Idee zu sein.
Als Investor Respekt zeigen gegenüber der Förderung des
Gemeinwohls durch ehrliche Steuerzahlungen oder die
Berücksichtigung von Arbeitnehmerrechten, Tier- und
Umweltschutz über die gesetzlichen Mindestanforderun-
gen hinaus erscheint mir sowieso vorteilhaft. Wenn man
sich diesen guten Werten verpflichtet und diese Einstellung
öffentlich macht, dann kommen die Bürger dieser Welt
freiwillig zu uns und wollen mit uns Geschäfte machen.
Asozial zu sein, hat keine Zukunft mehr.

Midas: Momos, das ist eine Vorstandssitzung. Du darfst
teilnehmen, aber dich hat niemand gebeten deine Meinung zu äußern. Krösus, bitte setze deine Berichterstattung weiter fort.

Krösus: Solche Umwelt- und Sozialanalysen kosten jede
Menge Geld. Momos, auch du besitzt einen Kostensatz
pro Stunde und wir erwarten von dir, dass du pro Stunde
möglichst gewinnbringend arbeitest.

Momos: Ein Mehrwert für uns und unsere Gesellschaft
wird nicht nur mit Geld erwirtschaftet, sondern auch mit
guten Beziehungen, sinnvoller Arbeit und einem rechten

Maß an Freizeit für Freunde, Familie und unseren Hobbies. Diese Eigenschaften haben uns aus der Unterdrückung und der Sklaverei befreit und den Humanismus ins Leben gerufen. Erst diese Eigenschaften bereichern unser Leben in sowohl materieller als auch geistiger Hinsicht. Wir sollten es nicht übertreiben, bei der Verschiebung von Gewinnen in Steueroasen. Wir sollten auch nicht mit den Spekulationen an den Börsen übertreiben. Unternehmen zu fusionieren und abzuspalten mit dem Zweck immer größere Gewinne zu erzielen zu Lasten der Menschen und der Umwelt ist schon fast ein Verbrechen an der Menschlichkeit. Wir sollten den Handel, das Fonds- und M&A Geschäft überdenken. Wir müssen öffentlich beweisen, dass unsere Beratungen und Investitionen die Wertschöpfungsketten auch in qualitativer Hinsicht verbessern. Wir müssen beweisen, dass mit unseren Beratungen und Investitionen der Mensch und die Natur nicht zu kurz kommen. Wenn wir alles nur rein quantitativ rationalisieren, dann werden viele Menschen von ihrem Arbeitslohn bald nicht mehr leben können. Die Menschen werden dann materiell und geistig verwahrlosen mit der Folge, dass die öffentlichen Haushalte nicht genug Geld und der Arbeitsmarkt nicht genug ausgebildetes Personal besitzen für die zukünftigen Herausforderungen. Herausforderungen wie zum Beispiel eine gute medizinische Versorgung, die Pflege von Alten, Kranken und Neugeborenen, die Aus- und Weiterbildung in Kindergärten, Schulen und Universitäten, den öffentlichen Nahverkehr oder der Katastrophen- und Unfallschutz. Und es gibt noch viele andere Bereiche die schutz- und förderungsbedürftig sind, die ich noch nicht aufgezählt habe. Wir als Investmentbank müssen beweisen, dass unsere Investitionen die Bereiche fördern, statt es riskieren sie zu zerstören.

Midas: Momos, ich merke du bist ein starker Befürworter der sozialen Marktwirtschaft, aber ich muss dich bitten deine Meinung für dich zu behalten, auch wenn ich deine kritische Haltung gegenüber bestimmten Investitionen, Fusionen und Übernahmen nachvollziehen kann. Es ist etwas banal aber wahr, dass die heutigen Lebensgewohnheiten eine andere Welt sind, als du dir gerne vorstellst.

Momos: Das sind doch schlechte Lebensgewohnheiten und schlechte Einstellungen, wenn wir nur auf den Profit achten. Wir verlieren unsere Menschlichkeit. Wir sollten doch als ehrbare Kaufleute angesehen werden und als Vorbilder für spätere Generationen dienen.

Krösus: Wir sind keine normalen Menschen. Wir sind die Götter des Geldes und du hast die Chance daran teilzuhaben. Aber wenn du willst, dann können wir dich auch sofort entlassen.

Midas: So ist das natürlich nicht gemeint. Du bist ein wertvolles Teammitglied und schon heute Nachmittag kannst du mit Daidalos und Ikarus an unserer neuen Aufgabenliste arbeiten. Krösus, bitte setze deinen Bericht fort.

Krösus: Wie gesagt, es gibt viele Unternehmen, die wir gerne miteinander fusionieren würden. Im Moment konzentrieren wir uns auf den Verkauf einer Betreibergesellschaft für Ölbohrplattformen von einer britischen Ölgesellschaft an eine Beteiligungsgesellschaft, die mehrere Firmen in der Öl und Gas Industrie im Portfolio besitzt. Das Unternehmen glaubt an ein großes Kosteneinsparungspotential durch den Einsatz von mehr Robotertechnologie und die Gewinnung von neuen Kunden im On- und Offs-

hore Bereich. Vielversprechend beraten wir einen Klinik-
betreiber aus Deutschland, der weiter öffentliche Krankenhäuser aufkaufen möchte. Beim Krankenhausangebot
sehen wir großen Konsolidierungsbedarf, Kosteneinsparungspotential durch die Fokussierung auf bestimmte Be-
handlungs- und Therapiemethoden bei schweren Erkran-
kungen, sowie die Ausgliederung von Forschung und Entwicklung an andere spezialisierte Dienstleister. Dort bekommen wir aber reichlich Gegenwind von Bürgerinitiati-
ven und Hochschulverbänden, die unsere Renditeerwartungen öffentlich kritisieren. Im Bereich der Fluggesellschaften stehen wir kurz vor dem Abschluss einer Fusion
zwischen einer spanischen und britischen Airline. Der
Ausbau von Billigairlines verstärkt die Konkurrenz und
den Preiskampf über den Wolken Europas. Deshalb sind
Kosteneinsparungen bei der Flotte, dem Personal und
dem Service absolut notwendig um weiter wettbewerbsfä-
hig zu bleiben. Ein anderer Trend ist im Privatflugzeugan-
gebot zu erkennen. Nachdem wir einen kleinen Frankfurter Regionalflughafen in den Besitz eines amerikanischen
Multimilliardärs Anfang dieses Jahres gebracht haben,
versuchen wir gleichzeitig seine Betreibergesellschaft für
Privatjetflüge an die Börse zu bringen. Dem gleichen Milliardär versuchen wir einen bekannten Ketchup Hersteller
zu vermitteln. Durch den Einsatz von genmanipulierten
Tomaten, glauben wir, können wir die Erträge weiter steigern und die Kosten weiter senken. Weitere Fusionen sehen wir in Betrieben der Milchproduktion und Geflügel-
zucht und Mast. Durch die Kreuzung bestimmter Rassen,
das Halten der Tiere auf weniger Fläche und den Einsatz
von stärkeren Antibiotika können wir die Umsätze und
Gewinne durch mehr Fleisch- und Milchabsatz weiter steigern. Der Ausbau der Massentierhaltung ist aus preislicher
Sicht die beste Möglichkeiten die Konkurrenz aus dem Bio

Bereich zu schwächen. Im Bereich Finanzdienstleistungen raten wir zu einer Beteiligung an einen englischen Broker, der sich auf den sogenannten CFD Handel mit Privatanlegern spezialisiert hat. Wir glauben, dass eine große Zahl an Privatanlegern gerne mehr mit Finanzinstrumenten wetten möchte. Wir glauben kurzfristig an ein starkes Wachstum in diesem Geschäft. Im Pharma- und Kosmetikbereich gibt es ein paar kleine spezialisierte Hersteller mit ein paar interessanten Produktlinien, die an die großen Giganten verkauft werden können. Im Bereich der Chemie-Industrie wollen wir einen Hersteller von Feuerlöschmittel an ein größeren Chemie Produzenten verkaufen. Da die Löschmittel das giftige PFC enthalten, ist bei diesem Deal größte Diskretion geboten. Der potentielle Käufer möchte auf keinen Fall negative Presse erhalten, da andere Wertschöpfungsketten darunter leiden könnten.

Midas: Wie laufen deine zwei Spezial-Bereiche? Sale & Lease Back und Goldene Fallschirme?

Krösus: Ja. Also wir versuchen immer wieder Städte, Gemeinden oder ganze Staaten davon zu überzeugen, ihre Schienennetze, Straßen, Krankenhäuser, Kleinflughäfen, Kanalsysteme, Abfallentsorgungsanlagen, Wasser- und Gasversorgungsbetriebe oder Immobilien zu verkaufen und ggf. zurück zu mieten. Wir erleben aber gerade eine sehr kritische Berichterstattung in dem Bereich und glauben, dass wir dort in den nächsten Jahren weniger Chancen haben. Ganz anders sieht es in der Personalberatung mit den goldenen Fallschirmen im Sport und der Wirtschaft aus. Wir versuchen gerade einen deutschen Manager an ein US amerikanisches Technologie Unternehmen zu vermitteln. Wenn es nicht richtig läuft, werden wir ihn mit ungefähr 7 Millionen Dollar abfinden. 20% seiner Gehaltsansprüche drückt er dann an uns wieder ab. Ein anderer guter Freund und langjähriger Bahnmanager zeigt sich immer wieder sehr kooperativ und da haben wir entsprechende Positionen für ihn vorbereitet. Einen deutschen Politiker wollen wir in die Vorstandsabteilung eines Baukonzerns schicken mit entsprechend langer Vertragslaufzeit, damit wir ihn dann vorzeitig in den Ruhestand schicken können mit einem schönen Pensionsanspruch. Wenn er möchte, kann er dann noch bei ein paar Aufsichtsräten ein paar Listen abhacken. Wir erhoffen uns durch diese Beziehungen einige interessante Deals. Die Personenliste für Vorstandsämter und Aufsichtsratspositionen ist immer wieder gleich. Ist fast wie ein Karussell. Jeder darf einmal am Hebel sitzen und wird dann nach Hause geschickt, wenn es schwierig wird. Signing Fees werden immer beliebter, also Geldprämien bei Vertragsabschluss ohne nennenswerte Gegenleistung. Dann gibt es zu jedem Zeitpunkt eigentlich Kohle. Vor der Arbeit, während der Arbeit und nach der Arbeit, manchmal bis zum Tod.

Midas: Bei vielen Dax Vorständen und Aufsichtsräten klingelt doch die Kasse. Aber im internationalen Vergleich ist da noch Luft nach oben.

Hades: Die Begründung zur Erhöhung der Gehälter ist immer sehr witzig. Es heißt immer, dass die Manager mehr Aufwand und mehr Verantwortung tragen müssen. Dabei haben diese Leute noch ein Dutzend anderer Posten als Vorstand oder Aufsichtsrat.

Momos: Warum machen sich die Leute mit soviel Abfindungen nicht einmal selbstständig, gründen eine eigene

Firma und zeigen unternehmerische Verantwortung? Die verdienen alle in einem Jahr mehr Geld, als andere Menschen in ihrem ganzen Leben!

Krösus: Warum so viel Aufwand betreiben, wenn es doch ganz einfach funktioniert.

Hades: Und wie läuft es in der Abteilung Profisport?

Krösus: Es ist fabelhaft. Gerade im Profifußball läuft alles wie geschmiert. Jedes Jahr höhere Ablösesummen und höhere Spielergehälter neben megagroßen Marketing Verträgen. Ich habe dort ein großes Karussell am laufen. Über Jahre hinweg wechseln die gleichen Trainer mehrere Top Clubs und werden fast immer vor dem Ende ihrer Vertragslaufzeit nach Hause geschickt mit Millionen Abfindungen. Jedes Jahr machen wir eine große Party. Wie gesagt, Signing Fees werden auch immer beliebter. Davon kannst du dir gleich mehrere Strandhäuser kaufen. Im Sport wird es manchmal etwas ungemütlich emotional. Jeder will dort ganz viel Geld machen. Die Funktionäre der Fußballverbände, die Präsidenten der Clubs, die Manager, die Spielerberater und die Spieler wollen immer mehr Geld.

Midas: Das Geld wird den Vereinen von so vielen Firmen einfach nur hinterhergeworfen. Jeder will Sponsor sein und dann in der VIP-Lounge feiern, wenn sein Lieblingsclub die Meisterschaft oder Champions League gewinnt.

Krösus: Selbst die Nationalmannschaften haben mittlerweile maßlos hohe Budgets zum ausgeben. Die machen bessere Geschäfte als wir hier.

Midas: Wir sollten einen Fußball Verein kaufen. Ein russischer Kunde von uns besitzt einen englischen Top Club. Ich werde ihn gleich mal anrufen.

Hades: Entschuldigung. Ich muss jetzt die Sitzung verlassen. Ich habe einen anderen Termin in London.

Midas: Nimmst du den Jet?

Hades: Ja natürlich. Ich muss die Strategien meiner Fonds mit meinen Kunden vor Ort besprechen. Die Kosten belaste ich natürlich dem Fonds.

Midas: Das will ich doch hoffen. Fliegt noch jemand mit?

Hades: Nur mein Pilot und die Stewardess. Soll ich deinen Hund noch mitnehmen?

Midas: Nein. Tschüss. Viel Spaß über den Wolken.

Ikarus: Ich werde die Abwesenheit von Hades nicht in das Protokoll aufnehmen. Midas, ich glaube du kannst weitermachen.

Midas: Mein Bericht über unsere Handelsaktivitäten lauten wie folgt: Wir wachsen derzeit wieder stark im Bereich Kommissionshandel und OTC Produkte neben einer starken Erholung im Eigenhandel, was uns dazu bewegt unsere Handelspositionen weiter auszubauen. Zum Kommissionshandel gehört der Handel mit Privat- und Firmenkunden, insbesondere mit einer Vielzahl von Fondsmanagern, aber auch vermögenden Privatkunden. Durch den Ausbau des ETF-Segments wird sich die Verwahrung und Verwaltung von Wertpapieren sehr stark erhöhen. Wie schon erwähnt, wird es auch notwendig sein, SWAP Geschäfte mit den ETFs abzuschließen, damit diese Fonds die jeweilige Performance des Basiswertes abbilden können. Darüber hinaus nimmt das Hedging Geschäft mit Zinsen, Währungen und Rohstoffen mit individuellen Kundengruppen zu. Redrock hat unsere Eigenkapitalbasis durch Wandlung der Wandelschuldverschreibung erhöht. Damit erfüllen wir wichtige Voraussetzungen für den weiteren Ausbau unserer Geschäfte. Zusammen mit Redrock gründen wir ein eigenes Unternehmen, namens Redrock Delta, für die Abwicklung der SWAP Geschäfte mit den ETF Fonds, da die Handelsvolumen ein Vielfaches unserer Bilanzsumme übersteigen werden. Alle anderen Derivate Geschäfte, die nicht das ETF Business betreffen, laufen nach wie vor über unsere Goldberg AG ab. Jedes Händler Team ist zuständig für sein Kundenportfolio. Je größer die Gewinne, desto größer der Bonus. Solltet ihr ein Risikolimit überschreiten wollen, dann müsst ihr das Geschäft bei mir persönlich genehmigen lassen. Extra große Geschäfte vermitteln wir an den Wal von London. In Zukunft gibt es also keine echten Grenzen mehr. Das Ziel für das neue Geschäftsjahr 2010 lautet: Eine Eigenkapitalrendite von mindestens 25% für die Gesamtbank. Nähere Einzelheiten finden regelmäßig in den Team Meetings statt. Gibt es irgendwelche Fragen? Ich bin nämlich auch etwas unter Zeitdruck. Ich habe gleich eine Aufsichtsratssitzung bei einem Automobilkonzern.

Momos: Was für ein Bild hängt dort an der Wand?

Midas: Das ist der Gott des Geldes „Mammon" von einem noch unbekannten Künstler. In unserem Haus befinden sich noch viele andere schöne Gemälde und Fotografien rund um das Thema Geld und der Börse. Einige befinden sich im Eigentum von uns und andere sind Leihgaben von diversen Stiftungen und Kunstfonds. In dem Segment wird viel spekuliert und darin nehmen wir natürlich gerne teil.

Die Geschäfte mit Mammon & Co

Frankfurt am Freitag, den 2. April 2010, um 7:30 Uhr. Im Handelsraum beginnen Daidalos und Momos den Arbeitstag bei einer Tasse Kaffee und sprechen kurz über die Ergebnisse des ersten Quartals.

Daidalos: Momos, ich bin begeistert von uns. Wir haben so viele Milliarden von Euro, Dollar und Pfund in den letzten Monaten bewegt, wie niemals zuvor in der Geschichte dieses Unternehmens. Die Zusammenarbeit mit Redrock und das ETF Business haben sich echt bezahlt gemacht. Die Börsen erholen sich und unsere Kunden handeln wieder mehr.

Momos: Menschen aus der ganzen Welt rufen uns an und wollen mit uns Geschäfte machen.

Daidalos: Ich frage mich die ganze Zeit, was Hades mit den gemieteten Öltankern machen will. Es kann ja nicht die ganze Zeit so weitergehen. Seine Ölfonds kaufen Öl an den Warenbörsen und lassen es in diese Super Tanker Schiffe abfüllen. Vor der Küste Maltas stehen diese Schiffe jetzt.

Momos: Er wartet bis der Ölpreis weiter gestiegen ist und verkauft dann an den Höchstbietenden. Und wenn der Preis fällt, dann haben seine Fondsanleger eben Pech gehabt.

Daidalos: Wer kümmert sich eigentlich um die Ausübung der Stimmrechte in den Fonds von Hades? Hades managt jetzt insgesamt fast 12 Mrd. Dollar und es wird jeden Tag mehr. Er könnte Millionen von Stimmrechten ausüben. Er besitzt so viele Aktien in seinem Portfolio. Das ist unglaublich.

Momos: Egal ob aktiv oder passiv gemanagte Fonds. Hades lässt mitteilen, dass er bei den diesjährigen Hauptversammlungen einfach den Empfehlungen der jeweiligen Geschäftsführung folgt. Er hat mir gesagt, dass es ihm egal ist.

Daidalos: O.k. Ich habe auch nichts Anderes erwartet. Abgesehen davon, bin ich immer wieder erstaunt darüber, welche Produkte unsere Kunden teilweise handeln und mit welchen Summen sie spekulieren.

Momos: Ich auch. Zum Beispiel dieser Fußball Manager, der Devisentermingeschäfte über 100 Millionen Dollar abschließt. Midas sagte mir, der Typ macht das schon seit Jahren. Er ist sich nur nicht sicher, ob unser Kunde diese Gewinne in seiner Steuererklärung angibt. Er wickelt seine Geschäfte nämlich immer über ein Schweizer Konto ab, obwohl er seinen Wohnsitz in Deutschland hat. Irgendwann werden die Steuerbehörden vielleicht auf ihn aufmerksam.

Daidalos: Ich hoffe, Ikarus kümmert sich um unsere Datensicherheit. Wenn diese Daten gestohlen werden, kann unsere Bank ein großes Fiasko erleben. Die Einkünfte unserer Bankkunden sind natürlich von großem Interesse für die Steuerfahnder, die in letzter Zeit bereit sind Millionen von Euro zu bezahlen, damit sie mit den Datensätzen die Steuersünder zur Rechenschaft ziehen können.

Momos: Ich verstehe nicht, warum diese Steuersünder ihre Millionen Einkünfte aus Kapitalvermögen in ihrem Wohnsitzland nicht deklarieren.

Daidalos: Jedes Jahr erstellen wir sogar eine Übersicht mit allen ihren Einkünften. Es könnte so einfach sein. Die Leute sind aber zu gierig. Sie wollen alle immer ein bisschen mehr netto vom Brutto.

Momos: Und den Staaten fehlt dann z.B. das Geld für das Bildungs-, das Gesundheitswesen oder den Straßenbau.

Daidolos: Diese Kunden sind der Meinung, dass die 50.000 Euro Mehrwertsteuer auf den Kauf ihres neuen Lamborghinis oder Rolls Royce, ihren Beitrag am Gemeinwesen abgelten. Unternehmenskonzerne suchen auch nach Mitteln und Wegen Steuern zu umgehen. Unser Konzern gründet auch Briefkastenfirmen in Steueroasen um Einkünfte in diese Länder zu verschieben. Im Gegensatz zu dem Fußball Manager ist diese Art von Steueroptimierung ganz legal. Wenn du als Unternehmen auch nicht versuchst zu optimieren, dann bist du preislich deinem Konkurrenten ganz knapp unterlegen und die Verbraucher wählen den günstigsten Konkurrenten und schlaue Köpfe arbeiten dort, wo am meisten verdient wird. Jeder schaut auf sein Geld und möchte es mehren.

Momos: Wenn wir mehr Steuereinnahmen hätten, dann würden die Steuersätze niedriger werden und dann hätten wir auch alle mehr Geld zur Verfügung. Wir bescheißen uns doch selbst.

Daidalos: Da hast du recht. Ändern will trotzdem niemand seine Gewohnheiten.

Momos: Es ist doch verrückt, wie Investoren und Konsumenten ihre Geizhals Mentalität zelebrieren. Diese Profitmaximierung und der Wille überall möglichst viele Kosten einzusparen, schadet uns doch allen. Wenn die Verbraucher zum Beispiel auch nicht mehr zahlen wollen für bessere Arbeitsbedingungen, für den Verzicht auf umweltschädliche Materialien und für besseren Umwelt- und Tierschutz, dann drängen sie natürlich die Unternehmen aus den Markt, die sich für bessere Bedingungen einsetzen. Folglich werden viele Verbraucher ihr Geld bei Unternehmen verdienen müssen, die keine Rücksicht nehmen auf faire Arbeitsbedingungen und Umweltschutz. Es ist ein Teufelskreislauf, den wir nur durchbrechen, wenn Konsumenten und Investoren rücksichtsvoller konsumieren und investieren.

Daidalos: Das moderne Böse ist banal. Niemand ändert seine schlechten Gewohnheiten und macht immer so weiter wie bisher. Die Entscheidungsträger in der Vorstandsabteilung machen es vor und die einfachen Arbeiter folgen den Anweisungen, weil sie Angst um ihre Zukunft haben.

Momos: Aber Hades könnte mit seinen Stimmrechten viele Entscheidungsträger mit schlechten Gewohnheiten zum Rücktritt zwingen.

Daidalos: Warum sollte er das System ändern, wenn er am meisten davon profitiert? Sein zu verwaltendes Vermögen wird dieses Jahr einen neuen Rekord erreichen und seine Verwaltungsgebühren bescheren ihm neue Rekordvergütungen. Wenn die Spekulationsblasen wieder größer werden, dann steigen die Preise seiner Vermögenswerte und dann verdient er sogar noch mehr. Das alles ohne einen Cent eigenes Risiko. Es ist das Geld seiner Anleger.

Momos: Warum entziehen die Anleger dann nicht den Fonds ihr Vertrauen, wenn sie zu schlechten Wirtschaftsweisen beitragen und so egoistisch wirtschaften?

Daidalos: Das Finanzsystem ist so unübersichtlich geworden, dass viele Menschen überhaupt nicht mehr wissen, wo ihr Geld angelegt wird. Sie erhalten häufig nur ein Hinweis von ihrem Finanzberater, dass das Geld dort investiert wird, wo es möglichst hohe Renditen bringt.

Momos: Banken, Fonds und Versicherer investieren dann das Geld ihrer Kunden in Aktien und Anleihen von Unternehmen und Staaten. Entweder sie investieren direkt oder über ein Dutzend von Investmentfonds.

Daidolos: Und wenn die Zins- oder Renditeerwartungen zu niedrig sind oder vielleicht keine Zinsen gezahlt werden, sind die Anleger empört. Geld ohne Zinsen sind eine Frechheit, für diejenigen die ihr Geld anlegen wollen.

Momos: Ja eben. Nur als Kreditnehmer freut man sich über null Zinsen.

Daidalos: Das Paradoxe ist doch, dass die größten Kreditnehmer, die Staaten sind, und vom Staat verlangen die Anleger die größten Zinsen. Aber die Staaten können die Zinsen nur zahlen, wenn ihnen entsprechende Steuereinnahmen zur Verfügung stehen. Das heißt, man muss als Staat höhere Steuersätze fordern zum Nachteil der gesamten Bevölkerung.

Momos: Warum ist das so schwer zu verstehen?

Daidalos: Die Menschen sind verblendet vom Geld und wir verblenden sie mit unseren Finanzprodukten noch mehr.

Momos: Eigentlich ist doch nur unsere Arbeit für unseren Wohlstand entscheidend. Geld dient nur als Anreizinstrument.

Daidalos: Naja, das stimmt nicht ganz. Wie sollen wir Güter verteilen und wie erkennen wir Überangebote und Mangel von Waren und Dienstleitungen? Geld erfüllt eine wichtige Zahlungs-, Preis-, Tausch-, Wertaufbewahrungs- Rechen- und Verteilungsfunktion. Geld vereinfacht den Handel mit allen denkbaren Waren und Dienstleistungen. Aber du hast natürlich recht, dass die Arbeit Voraussetzung für den Einsatz von Geld ist. Ohne Arbeit entstehen keine Waren und keine Dienstleistungen, die man tauschen könnte. Ich erinnere mich gerne an deine Worte in der Vorstandssitzung letztes Jahr. Ohne ausreichend Geld in den öffentlichen Kassen und ohne gut ausgebildetes Personal werden die Menschen geistig und materiell verwahrlosen und nicht in der Lage sein die zukünftigen Herausforderungen zu meistern. Wir alle träumen von einem goldenen Zeitalter oder einem Elysium, aber die Realität ist dem Hades viel näher. Momos, du bist ein Philosoph. Wir müssen weiter arbeiten. Ich habe hier eine Liste mit Kunden, die wir anrufen müssen. Alle Aktien und Anleihen, die wir in unserem eigenen Bestand haben, wurden von unseren Analysten zum Kauf empfohlen. Jetzt verkaufen wir mit einem kleinen Aufschlag zuzüglich Provision und freuen uns über den Gewinn.

Momos: Und was ist, wenn die Kunden, diese Papiere nicht kaufen wollen?

Daidalos: Dann ruf Hades an. Er kauft bestimmt über seine Fonds und er verkauft sie dann wieder weiter. Spätestens stimmt ein Pensionsfonds zu, wenn du ihm erzählst, dass unsere Analysten die Papiere empfohlen haben.

Momos: Und die ausländischen Aktien oder die Verbriefungen auf Subprime Loans?

Daidalos: Na klar. Alles kein Problem. Ein paar andere Fonds, Banken und Versicherungen verkaufen uns auch ganz tolle Risikopapiere, die wir dann wie in einer Art Karussell an andere Fonds, Versicherungen und Banken weiterverkaufen können.

Momos: Warum verkaufen bestimmte Institutionen ausfallbedrohte Wertpapiere? Und noch viel wichtiger: Warum kaufen bestimmte Institutionen ausfallbedrohte Wertpapiere?

Daidalos: Die Rechnungslegungsgrundsätze vieler Länder zwingen die Inhaber der Wertpapiere nach Bekanntgabe des drohenden Verlustes, ihre Forderungen abzuschreiben, was zu großen Verlusten in der Bilanz führt. Sofern ein Fonds oder eine Versicherung in ihren Vertragsbedingungen mit dem Kunden vereinbart, dass nur Wertpapiere mit bestimmter Bonität im Portfolio gehalten werden können, ist diese Institution verpflichtet bei Herabstufung der Bonität auf ein bestimmtes Niveau ihre Wertpapiere zu verkaufen. Da ein drohender Verlust noch kein Verlust ist, entsteht auf der anderen Seite die Möglichkeit überproportional viel Geld zu verdienen. Im Gegensatz zu Aktien, besteht bei Anleihen nach wie vor, trotz Herabstufung und drohendem Ausfallrisiko, ein Rückzahlungsanspruch von 100%.

Momos: Wie bewertet man Wertpapiere und Immobilien richtig?

Daidalos: Es gibt kein richtig oder falsch. Es sind alles nur Schätzungen. Das einzige, was Bestand hat, ist das Wertpapierprospekt, das formuliert wann und unter welchen Bedingungen es bei dem Wertpapier zur Rückzahlung kommt. Seine Rechte kann man im Zweifel vor Gericht einklagen. Ein Gericht kann dann einen Kreditnehmer sogar zwangsvollstrecken, wenn der Gläubiger an sein Geld kommen möchte.

Momos: Und Immobilien?

Daidalos: Grundsätzlich bilanzierst du Wertpapiere oder Immobilien zu Anschaffungs- bzw. Herstellungskosten. Falls das Wertpapier einen Zahlungsausfall erleidet, werden potentiell neue Käufer einen geringeren Preis zahlen, was zu Verlusten in der Bilanz führt, bedingt durch Abschreibungen, die von den nationalen Rechnungslegungsstandards gefordert werden. Bei Immobilien ist das ähnlich. Wenn die Immobilie renovierungsbedürftig wird oder Mieteinnahmen ausfallen, dann wird der Wert der Immobilie entsprechend angepasst. Unsere Analysten zum Beispiel verwenden das Dicounted Cash Flow Model (kurz: DCF). Die zu erwartenden Zahlungsströme in der Zukunft, werden mit einem frei wählbaren Zins diskontiert bzw. abgezinst. Das Ergebnis ist der Barwert von heute.

Momos: Kannst du auch Zuschreiben und einen Wert über den Anschaffungs- bzw. Herstellungskosten bilanzieren?

Daidalos: Das funktioniert eigentlich nur bei besonderen Rechnungslegungsformen wie für die Investmentfonds. Da Investmentfonds häufig in börsengehandelte Wertpapiere investieren, reflektiert der aktuelle Börsenkurs, den Marktpreis, den du bilanzieren kannst. Man stellt die Annahme auf, dass die Wertpapiere jederzeit zu den aktuellen Marktpreisen gehandelt werden können und daher sind im Bereich der Fondsrechnungslegung Zuschreibungen über den Anschaffungspreis möglich. Entsprechend ändern sich die Kurse von Investmentfonds täglich.

Momos: Warum verkaufen Leute ausfallbedrohte Wertpapiere mit großem Verlust, wenn sie ihren Rückzahlungsanspruch nicht vollständig geklärt haben?

Daidalos: Das sind schlechte Angewohnheiten. Menschen geraten in Panik und lassen sich von ihren Gefühlen leiten, obwohl der Rückzahlungsanspruch zu 100% weiterhin seine Gültigkeit besitzt gemäß den zugrundeliegenden Vertragsbedingungen. Falls eine Zahlungsunfähigkeit droht, folgen intensive Verhandlungen zwischen den Gläubigern und Schuldnern. Viele Fondsmanager hätten keine Lust an einer Gläubigerversammlung teilzunehmen und verkaufen lieber an andere Fondsmanager mit einem Abschlag oder sie warten bis zum Schluss auf ein Angebot von dem Schuldner. Es herrscht eine Art Gleichgültigkeit auf der einen Seite und eine Art absichtliche Unterlassung von Hilfe gegenüber dem Schuldner auf der anderen Seite. Das moderne Böse ist banal, Momos.

Momos: Auf wen sollte man mehr Rücksicht nehmen? Auf den Schuldner oder den Gläubiger? Sollte man auf Forderungen verzichten oder nicht?

Daidalos: Das ist eine gute Frage. Heutzutage werden Gläubiger, also Anleger stärker geschützt, als die Schuldner, also Kreditnehmer. Das hat einen relativ einfachen Grund. Das Geldsystem basiert auf Schulden und wenn auf die Einlösung von Schulden einfach verzichtet werden kann, dann wird das Schuldverhältnis auf Dauer völlig sinnlos, da auf Forderungen und das Schuleingeständnis verzichtet wird.

Momos: Kann eine Welt ohne Schulden funktionieren?

Daidalos: Ich weiß, dass eine Welt mit Schulden funktioniert. Forderungen und Verbindlichkeiten prägen unser Moralverständnis. Geld verbrieft unsere Ansprüche unter uns allen, motiviert zur Arbeit und lässt Wohlstand entstehen.

Momos: Was passiert, wenn Geld zum Selbstzweck wird und man das Gefühl bekommt, dass Geld selbst für jemanden arbeitet?

Daidalos: Das ist wohl ein übertriebener Kapitalismus. Wenn jemand in dem Glauben lebt, dass Geld sich durch Zinsen vermehren kann ohne das jemand dafür arbeitet, ist das konsequenterweise der Beweis dafür, dass jemand die Funktionsweise des Kapitalismus nicht versteht.

Momos: Und wie viele Menschen verstehen den Kapitalismus?

Daidalos: Ich glaube, dass selbst der Vorstand der Goldberg AG kein tiefes Verständnis für wirtschaftliche Zusammenhänge besitzt. Es fehlt die Vorstellungskraft, dass Geld von seinem Ursprung bis hin zu seiner eigenen Auflösung zu denken. Es fehlt die Vorstellungskraft, dass Geld eine Forderung und gleichzeitig eine Verbindlichkeit darstellt und eine Tilgung oder ein Verzicht von Schulden zu einem Geldverlust führt.

Momos: Midas möchte kein Geld verlieren. Er will Geld vermehren. Also müssen wir Schulden vermehren.

Daidalos: Genau. Wir arbeiten an Projekten, die das Geld vermehren in Form von Eigen- und Fremdkapitalinstrumenten.

Momos: Warum arbeiten wir nicht an Projekten, die die Herstellung qualitativ hochwertiger Produkte unterstützt?

Daidalos: Was meinst du damit?

Momos: Ich meine, dass wir Geld dort zur Verfügung stellen, wo auch grundlegende Menschenrechte, der Umwelt- und der Tierschutz respektiert werden.

Daidalos: Das bedeutet aber weniger Rendite, weil es zunächst einmal mehr kostet.

Momos: Aber, wenn wir eine Finanzierung mit einer guten Kampagne begleiten, dann steigt vielleicht auch die Rendite.

Daidalos: Die Rendite steigt nur, wenn die Produkte die höheren Kosten auf die Verbraucher mit einem höheren Preis umlegen. Da die meisten Wirtschaftsteilnehmer ihre Profite aber maximieren möchten, scheint mir dein gutes Bemühen etwas sinnlos.

Momos: Anleger würden ihr Geld von schlechten Banken und schlechten Fonds abziehen und in gute Banken und gute Fonds stecken. Dass es mehr kostet, bedeutet auf der anderen Seite, dass mehr Umsatz mit guten Dingen verdient wird. Das bedeutet auch automatisch mehr Investitionsmöglichkeiten. Wir befreien uns von schlechten Investitionen und die Renditen sind mindestens genauso hoch wie vorher. Es ist eine echte Win-Win Situation.

Daidalos: Ich könnte mir vorstellen, dass soziale und umweltfreundliche Investments irgendwann die bestehende Investitionslandschaft massiv verändern. Dein Wunsch geht in Richtung „Social Impact Investing" mit dem Unterschied, dass du eine gute Ethik in den traditionellen Investitionsklassen verankern möchtest. Du erweiterst dein Modell von Rendite + Risiko um eine qualitative Komponente. Rendite + Risiko + soziale oder ökologische Faktoren. Impact Investing lautet deine Vorstellung. Du möchtest Kapitalismus in seine Grundfunktionen zurücksetzen und die soziale Marktwirtschaft ausbauen.

Momos: Ganz genau. Ich möchte verhindern das Kapitalismus missbraucht wird zugunsten des Egos ein paar arroganter Finanzeliten. Ich möchte auch verhindern, dass diese arrogante Ethik in andere Bereiche der Gesellschaft transferiert wird.

Daidalos: Du musst vorsichtig an diesen Plan der Reformierung des gesamten Finanzwesens gehen. Schreib deine Gedanken irgendwann in ein Buch und publiziere es einfach. Mit Pauken und Trompeten wirst du den Kampf gegen den Mammon verlieren. Evolution statt Revolution sollte die Devise lauten. Du musst den Glauben an den

Mammon entkräften, indem du ihn mit seinen eigenen Waffen schlägst.

Momos: Vielleicht werde ich irgendwann ein Buch schreiben. Welche Waffen soll ich beim Kampf gegen den Mammon verwenden?

Daidalos: Natürlich das Geld und die vielen Finanzprodukte. Du musst dem Mammon Konkurrenz machen bis er sich geschlagen gibt und die Bühne verlässt.

Momos: Wie soll ich an soviel Geld kommen und welche Finanzprodukte soll ich verwenden?

Daidalos: Kauf Aktien von Unternehmen und nutze deine Stimmrechte. In der Regel trägt jede Aktie ein Stimmrecht, sodass du als Miteigentümer der Gesellschaft ein paar Worte auf der Hauptversammlung teilen kannst. Melde dich zu Wort und nenne Verbesserungsvorschläge für die zukünftige Geschäftsstrategie. Stimme gegen die Leute aus den Vorstandsetagen und den Aufsichtsräten, die kontraproduktiv für eine bessere Wirtschaft sind. Bring dein Geld zu der Bank, die sinnvolle Projekte finanziert und keine wilden Spekulationen treibt. Legt dein Geld bei Fonds an, die deine Werte teilen und sich für eine bessere Welt einsetzen. Vielleicht machst du irgendwann nochmal Karriere bei einem Fonds und dann verwaltest du das Geld von deinen Anlegern.

Momos: Dann trete ich in Konkurrenz zu Hades und Co.

Daidalos: Konkurrenz belebt das Geschäft. Vielleicht wirst du irgendwann zum Vorstandsmitglied der Goldberg AG gewählt. Dann könnte dieser Umdenkprozess beginnen in

Richtung mehr Nachhaltigkeit, mehr soziale und ökologische Verantwortung, mehr Flexibilität zwischen Beruf und Familie, bessere Work-Life Balance und insgesamt mehr Respekt vor unserem Planeten Erde. Unter den Sozialwissenschaftler geht das Gerücht um, dass diese junge Generation Y eine heimliche Revolution auslösen könnte. Ich glaube, du gehörst auch dazu. Diese Generation denkt ganz anders als die älteren Generationen. Ich bin gespannt.

Momos: Unter den Wertpapieren, die wir weiterverkaufen sollen, sind auch Papiere von Unternehmen, die z.B. die letzten Regenwald Bestände abholzen für die Möbelproduktion und den Anbau von bestimmten Monokulturen. Hier sind auch Wertpapiere auf meiner Liste, die Antibiotika produzieren speziell für Aquakulturen. Ich habe Berichte gesehen, die ein ganz schlechtes Licht auf diese Unternehmen werfen hinsichtlich Umweltzerstörungen.

Daidalos: Klar, aber die Renditen stimmen. Und solange diese Umweltzerstörungen nicht vor unseren Haustüren passieren, ist das doch egal. Es wird sich niemand aufregen, wenn diese Unternehmen weiter finanziert werden. Ich meine, im schlimmsten Fall zahlen die Firmen eine Geldstrafe und dann geht das schon irgendwie weiter. So wie dieser niederländische Rohstoffhändler kürzlich giftigen Müll in der Elfenbeinküste entsorgt hat. Ich nehme an, das Unternehmen wird eine kleine Entschädigungssumme zahlen. Im Vergleich zu ihren Gewinnen, sind das Peanuts.

Momos: Ich verstehe nicht, wie man versucht irreparable Umweltschäden finanziell irgendwie zu kompensieren. Wenn die Böden und das Grundwasser einmal verseucht sind, dann bedeutet es für uns Menschen eine Katastrophe mit Folgen für alle nachfolgenden Generationen.

Daidalos: Wen interessieren die Generation nach uns? Es geht um den größtmöglichen Nutzen und finanziellen Gewinn für unsere Generation. Früher oder später ist doch sowieso alles verstrahlt und verpestet. Am Ende sind wir alle tot.

Momos: Ja, wenn wir so weitermachen wie bisher, dann ist das gut möglich. Brauchen wir immer mehr Plastikverpackungen und immer mehr Plastikflaschen weltweit? Brauchen wir immer größere Netze, die immer mehr Fische aus dem Ozean fangen? Und ist die einzige Alternative der Aufbau von kommerziellen Fischzuchtanlagen, die wir mit Antibiotika vollstopfen?

Daidalos: Darüber nachzudenken, was die beste Alternative ist, das kostet doch alles viel zu viel Geld. Ich weiß nur, dass die Wachstumsperspektiven für diese Unternehmen prächtig sind und wir und unsere Anleger jede Menge Geld verdienen können. Ich habe letztens einen Bericht gesehen, da wurde die Königin der Honigbienen per Post von der Schweiz in die USA geschickt, damit die Bienen dort ihre Arbeit für jede Menge leckeren Honig verrichten können. Kapitalismus macht das möglich.

Momos: Das klappt, weil in den USA viele Honigbienen ausgestorben sind aufgrund des massenhaften Einsatzes von Pestiziden und Antibiotika. Das ist doch krank.

Daidalos: Du sagst es. Es ist krank. Aber mit einem kranken System verdient man mehr Geld als mit einem gesunden System, weil ein gesundes System weniger Bedürfnisse hat. Pestizide und Antibiotika sind wiederum große Wachstumstreiber hinsichtlich Umsatz und Gewinn.

Momos: Siehst du, es gibt überhaupt keine Rücksicht auf die ökologischen Folgen, wie bei fast allen Investitionen heutzutage. Ich bin außerdem der Meinung, wenn wir ein bisschen mehr Rücksicht auf unsere Umwelt legen würden, würden die Menschen in interessanteren und abwechslungsreicheren Arbeitsverhältnissen stehen. Es gebe mindestens genauso vielen Investitionsmöglichkeiten und großes Potential hinsichtlich Umsatz und Gewinn. Warum sehen die Banker das nicht ein?

Daidalos: Das kostet zu viel Aufwand hinsichtlich Recherche und Analysen. Es ist doch einfacher Zahlungsströme zu diskontieren.

Momos: Siehst du, es gebe sogar eine Nachfrage nach anspruchsvollen Analysen, die Rendite, Risiko und die Frage nach den ökologischen und sozialen Auswirkungen mit aufnimmt. Ein Fondsmanager und seine Analysten hätte dann auch guten Grund ein hohes Gehalt zu fordern, weil es eine anspruchsvolle Tätigkeit wäre. Die Zeit von passiven Fonds, wäre endgültig vorbei, weil sie sich für diese Fragen nicht interessieren und auch keine Stimmrechte ausüben.

Daidalos: Mit passiven Fonds machen wir gerade mehr und mehr Umsatz. Der Trend mit ETFs fängt gerade erst an. Dein Modell von Impact Investing hat erst eine Zukunft, wenn ETFs ihren Höhepunkt erreicht haben. Und wann der Höhepunkt im Bereich ETFs erreicht ist, dass weiß der Teufel. Wir jagen von Rekord zu Rekord. Jeder will dabei sein, wenn die Aktienmärkte steigen und ETFs spiegeln die Performance am Besten wieder. Analysen und Recherchen? Stell dir mal unseren Vorstand vor, der eine fächerübergreifende Analyse in Hunderten von Unternehmen aufstellen soll.

Momos: Niemand hat sie gezwungen in Hunderten von Unternehmen die Geschäftsführung und den Aufsichtsrat zu übernehmen. Statt in Hunderten von Unternehmen, könnten sie in ein paar Unternehmen oder einem einzigen Unternehmen als Vorstand sitzen und sich dann genug Zeit nehmen, um allen Herausforderungen gerecht zu werden.

Daidalos: Die einzige Herausforderung besteht darin, mehr Geld für sich selbst und die Aktionäre zu verdienen.

Momos: Wer behauptet das?

Daidalos: Die Aktionäre wollen jedes Jahr mehr Geld verdienen.

Momos: Schon mal etwas vom Stakeholder Ansatz gehört? Es ist außerdem fraglich, ob die Aktionäre sich jemals auf einer Hauptversammlung einstimmig für die Steigerung des Gewinns ohne Rücksicht auf ökologische und soziale Standards ausgesprochen hätten. Sie vertrauen den Aufsichtsräten und den Geschäftsführern, aber das Vertrauen wird offensichtlich von diesen Personen missbraucht zu Gunsten ihres eigenen Bankkontos.

Daidalos: Das Leben ist kein Ponyhof. Es herrscht ein ständiger Kampf um Macht und Geld.

Momos: Und viel Geld stecken unsere Vorstände in die Höschen von Prostituierten zur Befriedigung ihres eigenen Egos. Und dann transferieren diese Idioten diese Mentalität noch in andere gesellschaftliche Bereiche wie die Politik und den Sport! Bunga, Bunga, Korruption und Vetternwirtschaft. Unsere Kultur ist dem Untergang geweiht!

Daidalos: Wo ist das Problem? Sex, Drugs and Rock and Roll lautet auch das Motto vieler Musikstars.

Momos: In Wahrheit sind das doch echte Schwanzlutscher, die keine Eier in der Hose haben, eine echte Frau anzusprechen, eine Familie zu gründen und für ihre Kinder da zu sein. Alles wird nur mit Geld abgegolten. Die Frau, die Kinder, das Haus, das Auto, die Schule, der Sport, die Freunde, die Gemeinschaft, das gesamte Leben, die Liebe und das Glück sind alles nichts weiter als Objekte oder eine Ware mit einem Preisschild geworden. Vor dem Mammon auf die Knie zu fallen, das ist doch wirklich zum kotzen. Wir Menschen haben doch viel mehr Potential. Warum knüpfen wir nicht an die humanistischen Ideale an und streben nach dem Wahren, Schönen und Guten? Egal ob privat oder beruflich. Egal ob im Sport, in der Wirtschaft oder der Politik. Warum kämpfen wir nicht um die Ehre und die Würde statt um Gewinn und Umsatz Steigerungen? Geld verdienen ist in Ordnung, aber doch nicht so maß- und sinnlos! Warum lassen wir uns von irgendwelchen imaginären Schulden quälen und warum opfern wir uns täglich für diese arroganten Finanzeliten, die nur ihr Geld berücksichtigen?

Daidalos: Liebe haben sich die Menschen doch nur ausgedacht, damit sie nicht aus dem Fenster springen. Sag mir jetzt nicht, dass du so ein gottverdammter Romantiker bist?

Momos: Was soll dieser Spruch! Romantiker oder nicht? Schon mal von der Epoche des Sturm und Drang gehört? Ich möchte die Gesellschaft moralisch bilden, sie erhellen und ihre Vernunft wecken. So wie Kant damals, möchte ich die Menschen aus ihrer selbstverschuldeten Unmündigkeit befreien.

Daidalos: Momos, du bist ein Phantast. Außerdem glaube ich, du bringst ein paar Epochen durcheinander. Auf jeden Fall standen das Gefühl und der Verstand schon immer im Konflikt. Du bist keine Ausnahme. Im Keller steht das Gemälde von Casper David Friedrich mit dem Titel „Der Wanderer über dem Nebelmeer". Geh doch mal runter und kühl dich ab. Blick auf das Gemälde und denk mal darüber nach.

Momos: Bestimmt dauert es nicht mehr lange, dann platzt mir der Kragen. Ich geh jetzt runter. Bis später.

Daidalos: Vielleicht suchst du auch nur nach der goldenen Mitte. Vielleicht suchst du nach der Einheit von Gefühl und Verstand. Vielleicht fährst du im Urlaub nach Weimar und studierst die Weimarer Klassik?! Oder fahr doch ins Kloster. Vielleicht findest du dort einen geistlichen Segen!?

Momos: Daidalos, wir befinden uns in einer Phase des gesellschaftlichen Umbruchs und niemand möchte es wahrhaben. Vielleicht passt der Begriff des Nihilismus in unsere heutige Zeit. Es ist eine gedankliche Orientierung am

Nichts und das Individuum, das all seinen Trieben und Neigungen folgt, hat Vorrang, weil alles erlaubt ist.

Daidalos: Wir befinden uns irgendwie im moralischen Chaos. Deswegen höre ich manchmal Beethoven. Die 9. Symphonie. Irgendwie beruhigend, aufregend, befreiend und euphorisierend zugleich. Es ist wie das Leben voller Höhen und Tiefen.

Momos: Wer von uns beiden ist der Romantiker? Pass auf den letzten Satz der 9.Symphonie gut auf. An diesem Satz hängt die Zukunft Europas.

Daidalos: Weißt du, was zu dir noch besser passt als der Wanderer über dem Nebelmeer? Es ist das Individuum, das voller Verzweiflung schreit von Edward Munch.

Momos: Bei der nächsten Auktion bringe ich dann wenigstens 100 Millionen Dollar ein. So gefragt bin ich. Weißt du an wen du mich erinnerst? Irgendwas von Francis Bacon, aber ich kann dich nicht genau einordnen. Du bist so makaber.

Daidalos: Die einzige Gemeinsamkeit, die ich wahrscheinlich mit Francis Bacon teile, ist die Leidenschaft für das Glücksspiel und den Alkohol. Vorletztes Jahr hat ein guter Kunde von uns ein Gemälde von Bacon bei einer Auktion für mehr als 80 Millionen Dollar ersteigert. Es ist doch grotesk, wie viel Geld man für bestimmte Gemälde hinlegt. Für 80 Millionen Dollar hätte man auch den Künstlernachwuchs gezielt fördern können.

Momos: Wenn du mich fragst, wäre das eine gute Investition in den Nachwuchs gewesen. Es gibt so viele kreative

Bereiche, die eine Förderung benötigen. Das Theater, das Schauspiel, die Musik, die Mode, die Kunst, die Malerei, die Innen- und Außenarchitektur, die Landschafts- und Gartenplanung, Möbeldesign, Bildhauerei und vieles mehr.

Daidalos: Das moderne Böse ist banal. Ich gehe davon aus, dass in den nächsten Jahren neue Rekorde bei Kunstauktionen erzielt werden. Es ist wie im Casino. Es ist die reinste Spekulation. Dabei schafft die Finanzkrise eine neue Schuldenkrise, die gleichzeitig das Finanzvermögen der Superreichen in die Höhe steigen lässt. Ich würde sagen, es gibt genug Spielgeld.

Momos: Das Moderne Böse ist so banal, dass unser Lieblingskunde eine riesige Yacht in Hamburg bauen lässt, die für den Ernstfall sogar ein Raketenabwehrsystem besitzt. Halleluja.

Daidalos: Wohlstand muss man verteidigen. Der Wert dieser Luxus Yacht wird auf über eine Milliarde Dollar geschätzt. Und das ist nicht die einzige private Yacht über eine Milliarde Dollar an Wert. Sein Privatjet für über 150 Millionen Dollar wirkt im Vergleich schon etwas billig.

Momos: Ich geh jetzt wirklich in den Keller mich abkühlen, bevor mir endgültig der Kragen platzt.

Sisyphos: Anwalt und Steuerberater für vermögende Kunden

Frankfurt am Dienstag, den 1. Juni 2010, um 17 Uhr. Die Geschäftsführung der Goldberg Investmentbank AG, sowie Momos und Daidalos halten eine Videokonferenz mit Sisyphos ab. Sisyphos ist Anwalt und Steuerberater für viele vermögende Kunden der Goldberg AG. Sisyphos präsentiert einen Gesamtüberblick über seine Tätigkeiten.

Sisyphos: Hallo zusammen. Könnt ihr mich hören und sehen?

Midas: Laut und deutlich. Die Goldberg AG ist vollzählig. Du kannst anfangen.

Sisyphos: Also, ich möchte euch über die aktuelle Lage in den Offshore Gesellschaften eurer Kunden informieren und euch eine Argumentationshilfe für die öffentliche Debatte im Kampf gegen Steueroasen geben.

Hades: Wir hören zu.

Sisyphos: Trotz der Finanzkrise legen nach wie vor viele vermögende Kunden sehr viel Wert auf Diskretion. Daher sind vermögende Kunden bemüht ihre Vermögen weltweit zu verteilen und mehrere Anwälte, Steuerberater, Fondsmanager und Investmentbanker zu beauftragen, ihr Geld zu verwalten. Vermögensstrukturen werden in der Zukunft wohl komplizierter statt einfacher. Auf den Cayman Islands, den Bermudas oder den British Virgin Islands gründen wir diverse Firmen zum Zweck der weltweiten Vermögensstrukturierung. Sofern sich Möglichkeiten ergeben optimieren wir die Zahlungsströme und die Steuerlast der Firmen unserer Kunden mit Hilfe von Steuerberatern in Ländern mit interessanten Steuergesetzen und Doppelbesteuerungsabkommen. Wir beobachten die Entwicklung in der Steuergesetzgebung sehr genau und passen die Modelle entsprechend an, falls es zu Änderungen in der Gesetzeslage kommt. Insofern können wir einwandfrei sagen, dass diese Steuertricks völlig legal sind. Zum Beispiel wird es ein Dutch Sandwich oder eine Double Irish Struktur solange geben bis die Gesetze sich ändern. Was auf Ebene der Firmen gilt, gilt aber nicht für die persönliche Einkommenssteuerpflicht der einzelnen natürlichen Personen. Es ist zu betonen und wirklich hervorzuheben, dass die persönliche Einkommensteuerpflicht von der Staatsangehörigkeit oder dem Wohnsitzland dieser Person abhängt. Einzelheiten regeln die nationalen Steuergesetze und Doppelbesteuerungsabkommen.

Midas: Wie sollen wir nun argumentieren in Bezug auf den Vorwurf der Steuerhinterziehung?

Sisyphos: Den Vorwurf der Steuerhinterziehung kann man auf jeden Fall ablehnen. Die von uns gegründeten Firmen halten alle Gesetze ein. Da die Goldberg AG keine Steuerberatungsgesellschaft ist, ist kein Risiko zu erkennen, falls einzelne Kunden ihre Einkünfte gegenüber den für sie zuständigen Finanzamt nicht angeben. Als Steuerberater müssen wir der Öffentlichkeit klar machen, dass wir nur die Informationen nutzen können, die uns der Kunde zur Verfügung stellt. Falls der Kunde seinen regelmäßigen Aufenthaltsort, seinen Wohnsitz, seine Staatsangehörigkeit oder seine Einkünfte nicht vollständig offenlegt, dann können wir als Steuerberater nicht erfolgreich

beraten. Die Pflicht zur Steuerehrlichkeit trifft den Steuer-
pflichtigen allein.

Midas: Steuerhinterziehung ist also nur möglich, falls unvollständige Angaben gegenüber dem Steuerberater oder
dem Finanzamt gemacht werden. Da die Goldberg AG explizit angibt, dass sie keine steuerberatenden Tätigkeiten
ausübt, besteht kein Risiko der Strafverfolgung in Bezug
auf potentielle Steuerhinterziehung unserer Kunden. Ist
das korrekt?

Sisyphos: Korrekt.

Midas: Welche Trends sind zu erkennen in der Welt der
vermögenden Kunden?

Sisyphos: Alle vermögenden Kunden möchten ihr Kapital
erhalten und am Besten vermehren. Viele Kunden sind
vorsichtiger geworden. Sie vertrauen nicht mehr einem
einzigen Investmentmanager, sondern sie fragen nach einer zweiten oder dritten Meinung bevor sie investieren.
Trotz technologischen Neuheiten und der Möglichkeit des
elektronischen Datenaustausches, nutzen viele vermögende Kunden den einfachen Postverkehr, da viele von
dem Handel mit elektronischen Datenträgern im Rahmen
von Steuerprüfungen stark verunsichert sind. Das heißt
nicht, dass unsere Kunden Steuern hinterziehen, aber unsere Kunden möchten mit großer Diskretion behandelt
werden. Diskretion ist nach wie vor das Hauptargument,
warum vermögende Kunden ihr Vermögen an exotischen
Orten lagern. Es handelt sich also insgesamt um keine Debatte über Steueroasen, sondern mehr um eine Debatte
über exotische Vermögenslagerstätten. Solange diese exo-

tischen Orte nicht vom SWIFT System genommen werden oder die Zentralbanken den Zugang zum Geld- und Kapitalmarkt nicht unterbinden, ist es jederzeit möglich Überweisungsaufträge aus der ganzen Welt auszuführen. Die Zukunft dieser exotischen Orten ist also nicht gefährdet.

Midas: Ja. Das sehe ich auch so. Welche Währung fragen die Kunden am meisten nach?

Sisyphos: Das müsstet ihr doch besser wissen als ich. Aber ich weiß, dass die größten Geschäftsabschlüsse in Dollar und Euro erfolgen. In letzter Zeit wird der Schweizer Franken und auch Gold stark nachgefragt. Je größer die Krise, desto mehr Nachfrage nach Gold und Schweizer Franken.

Midas: Wir sehen auch eine verstärkte Nachfrage nach Sachwerten. Immobilien, Autos, Schiffe, Flugzeuge, Edelmetalle, Antiquitäten und Kunstgegenstände sind stark gefragt. Deshalb basteln wir an neuen Indizes und neuen ETFs auf diese Indizes. Das nur nebenbei.

Sisyphos: Wenn ihr neue Produkte vermarkten möchtet, dann können wir immer eine Informationsveranstaltung mit vermögenden Kunden organisieren. Sagt mir einfach Bescheid.

Hades: Ich fliege morgen in die Karibik und nächste Woche dann auf die Kanalinseln, bevor ich übernächste Woche auf eine Investoren Konferenz nach Singapur und Hong Kong fliege. Vielleicht könnten wir uns vor Ort nochmal unterhalten. Es geht um die Gründung neuer Investitionsvehikel.

Sisyphos: Kein Problem. Wir werden uns wahrscheinlich auf der Investorenkonferenz in Singapur und Hong Kong sehen. Ich fliege dort auch hin.

Midas: Die Welt ist doch ziemlich klein.

Hades: Manchmal erscheint sie mir auch ziemlich klein. Letzte Woche war ich erst in Panama und habe Mitglieder unseres Altaktionärs Redstone getroffen.

Midas: Gut. Vielen Dank für die Informationen. Dann gehen wir jetzt weiter unserer Arbeit nach. Bis bald. Auf Wiedersehen.

Sisyphos: Bis bald. Auf Wiedersehen.

Hades: Bis bald.

Steueroase oder exotische Lagerstätte und das Rätsel des Kapitalismus

Frankfurt am Mittwoch, den 2. Juni 2010, um 9 Uhr in der Konzernzentrale. Momos bespricht mit Daidalos die Erklärungen des Steuerberaters Sisyphos.

Momos: Die öffentliche Debatte über Steueroasen ist irreführend. Es scheint als wären die Länder mit niedrigeren Steuerquote kriminell, da sie die Kapitalflucht aus Ländern mit hohen Steuerquote begünstigen. In Wahrheit haben die jeweiligen Gesetzgeber die kontroversen Unternehmenskonstruktionen zur Steueroptimierung in ihren nationalen Steuergesetzen und Doppelbesteuerungsabkommen nicht verboten. Wenn es also Reformbedarf geben sollte, dann sind die jeweiligen Gesetzgeber aufgefordert Veränderungen anzustoßen. Da viele Steueroptimierungen innerhalb der EU bzw. mit Überseegebieten von Mitgliedern der Europäischen Union stattfinden, die weitere Verbindungen mit dem Rest der Welt aufbauen, kann eine faire und erfolgreiche Lösung nur gemeinschaftlich erfolgen, insbesondere dann, wenn diese Länder ein gemeinsames Währungsgebiet verbindet. Nationale Regeln schaffen nur Chaos.

Daidalos: Die öffentlichen Debatten über Steueroasen sind auf jeden Fall irreführend, weil es nicht den Kern des Problems trifft.

Momos: Was ist das Problem?

Daidalos: Verteilungsgerechtigkeit. Du weißt doch, dass selbst wenn diese Länder sich auf neue Regeln geeinigt haben, dass Kapitalakkumulationen und Kapitalverluste unter den Wirtschaftsteilnehmern immer dazu gehören werden. Das heißt diese ggf. neuen Regeln werden nie zu einer zufriedenstellenden Verteilungsgerechtigkeit führen. Das Spiel kann bei ungleichen Verteilungen wieder von vorne beginnen.

Momos: Das stimmt wohl. Aber mein Hauptanliegen ist nach wie vor die Maßlosigkeit unter den Mitgliedern der Geschäftsführung und dem Aufsichtsrat auf der einen Seite und die Ignoranz gegenüber sozialen und ökologischen Auswirkungen bei Konsum- und Investitionsvorhaben auf der anderen Seite aufzudecken.

Daidalos: Das steht außer Frage. Ich glaube, das sind zwei Punkte die nicht so einfach zu entkräften sind, wie die vermeintlichen Steueroasen. Es wäre wirklich interessant zu hören, wie die betroffenen Manager argumentieren würden.

Momos: Was wirksame Sanktionen gegenüber unbeliebten Überseegebieten und Staaten oder Unternehmen betrifft, hilft nur der wirtschaftliche Boykott.

Daidalos: Das stimmt. Solange die unliebsamen Unternehmen und Staaten Zugriff auf beliebte Währungsräume besitzen durch die Anbindung an die zugehörigen Zentral- und Geschäftsbanken, werden die vermeintlich bösen Wirtschaftssubjekte nicht in ihrer Existenz gefährdet. Welche Folgen ein Ausschluss vom internationalen Geld- und Kapitalmarkt hat, kann vermutlich bald am Beispiel Irans beobachtet werden, wenn die Spannungen zwischen dem

Iran und dem Westen weiter zunehmen. Die Zerschlagung des russischen Energieversorgers wird wahrscheinlich ebenfalls ein echter Wirtschaftskrimi. Erst wird Russland das Vermögen des Unternehmens im Ausland pfänden und dann werden Gläubiger und Aktionäre als Entschädigung russisches Staatsvermögen im Ausland pfänden, egal ob mit oder ohne richterlichen Beschluss. Die Durchführung wirtschaftlicher Sanktionen hängt nur von der politischen Macht ab. Russland wird um sein Vermögen im Ausland kämpfen müssen. Es geht um Kontozugänge zu europäischen und amerikanischen Banken inklusive der Banken und Fonds in exotischen Ländern und Überseegebieten. Für die meisten Laien unter uns, sind die globalen Kapitalverflechtungen wahrscheinlich zu kompliziert um wirklich mitreden zu können. Wir nicken nur mit dem Kopf, wenn es soweit ist.

Momos: Wenn was so weit ist?

Daidalos: Wenn das Wettrüsten in diesen Ländern beginnt. Wenn unschuldige Menschen vor Kriegen flüchten und unzählige Tote an der Ausführung von Sanktionen erinnern.

Momos: In der Theorie scheint alles so klar zu sein, aber in der Praxis sieht die Welt ganz anders aus.

Daidalos: Das liegt an den realitätsfernen Modellen. Wir können nur hoffen, dass das Geld nicht in falsche Hände gerät und die Arbeitskraft von Milliarden von Menschen nicht für sinnlose und menschenverachtende Operationen missbraucht wird.

Momos: Warum lassen wir uns vom Geld so manipulieren?

Daidalos: Viele Menschen sind vom Geld total verblendet. Viele Menschen haben vergessen wofür das Geld in die Welt gesetzt worden ist. Die Gründung einer Zentralbank ist mit dem Ziel verbunden, einen Wirtschaftsraum prosperieren zu lassen. Denn wenn eine Zentralbank Geld emittiert in Form eines Kredites, muss man sich zuerst fragen, welche Verpflichtung stellt sich die Zentralbank damit gegenüber ihren Schuldnern, wenn das Geld rein rechtlich betrachtet, auf sich selbst lautende Schuldverschreibungen sind? Eigentlich sind die Schulden der Zentralbank, das gemeinsame Schuldeingeständnis der Eigentümer der Zentralbank, also das Schuldeingeständnis der Staaten und folglich das Schuldeingeständnis ihrer Bürger. Dieses gemeinsame öffentliche Schuldeingeständnis bei der Kreditvergabe der Zentralbank wird in den heutigen Wirtschaftswissenschaften komplett ignoriert und führt zur Verblendung.

Momos: Historisch betrachtet waren die Zentralbanken eine Art hybride Institution, die zwischen privaten und staatlichem Eigentumsverhältnissen schwankte. In der Vergangenheit gab es zeitweise viele private Banken, die ihre eigene Währung in Form von Banknoten und Münzen prägten. Später wurde die Münzprägung und die Emission von Banknoten staatlich reguliert mit dem Ziel standardisierte Währungsräume zu schaffen. Heutzutage wird der Finanzmarkt mit ein paar standardisierten Währungen versorgt, die von den jeweiligen Staaten überwacht und kontrolliert werden.

Daidalos: Eine der dominantesten Währungen ist heutzutage der US Dollar, trotz Schuldenkrise. Aber Momos verstehst du das Problem mit dem Geld?

Momos: Ja. Die Menschen, die das Geld leihen, zahlen ihre Schulden bei der Zentralbank nicht zurück.

Daidalos: Genau. Sie zahlen ihre Schulden bei der Zentralbank nicht zurück, weil die Menschen das Geld von der Zentralbank für Tauschgeschäfte auf dem privaten Markt benutzen. Zentralbanken verkaufen schließlich keine Waren oder Dienstleistungen, die die Schuldner benötigen und dort kaufen könnten. Wenn es gelingt Schulden zurückzuzahlen, dann handelt es sich um eine vorübergehend erfolgreiche Fristentransformation. Aber wirklich zurückgezahlt werden die Schulden nicht.

Momos: Das ist das Kernproblem. Die Zentralbank macht ein Versprechen, das sie selbst nicht einhalten kann. Die Zentralbank produziert keine Waren oder Dienstleistungen, die ich kaufen könnte. Das geliehene Geld bleibt im Markt.

Daidalos: Da Zentralbanken Rückzahlungen und Zinsen auf die verliehenen Beträge fordern, sind die Schuldner gezwungen neues Geld zu leihen und ihre alten Schulden inklusive Zinsen mit neuem Geld abzulösen.

Momos: Also haben der Zins, die Rückzahlungsansprüche und die globalen Kapitalverflechtungen an der Finanz- und Schuldenkrise Schuld.

Daidalos: Genau das ist das größte Rätsel des Kapitalismus. Wer dieses Rätsel löst, besitzt die Chance ein sehr mächtiger Mann oder eine sehr mächtige Frau zu werden. Denn schließlich verlangt jeder Mensch seine Rechte und sucht dann nach liquiden Mitteln sie umzusetzen.

Die Doppelmoral des Corporate Social Responsibility Programms

Frankfurt am Freitag, den 4. Juni 2010, um 10 Uhr. Momos recherchiert nach den internationalen Tätigkeiten der Goldberg AG und findet verblüffende Verbindungen zwischen Spendenaufkommen und Geschäftsabschlüssen in Ghana, Indien und Haiti.

Momos: Daidalos, wie gut kennst du dich mit unserem Corporate Social Responsibility Programmen aus?

Daidalos: Wir überweisen jeweils 10.000 Euro an eine Hilfsorganisation in Haiti, Indien und Ghana.

Momos: Was machen die Hilfsorganisationen vor Ort?

Daidalos: Mit dem Geld fördern wir den lokalen Schulunterricht und die medizinische Grundversorgung.

Momos: Hört sich doch nach einer guten Sache an.

Daidalos: Du hast mit Sicherheit aber herausgefunden, welche Geschäfte die Goldberg AG in diesen Ländern betrieben hat und welche Geschäfte kurz bevorstehen?

Momos: Ich habe hier ein paar Dokumente auf dem Server gefunden. Krösus hat mehrere US-amerikanische und europäische Unternehmen beraten für eine geplante Umsatzexpansion in Ghana, Indien und Haiti. Hades hat alle Unternehmen in diesen Projekten finanziert.

Daidalos: Die vielen Probleme dieser Entwicklungsländer sind nicht allein durch das Engagement der Goldberg AG entstanden, sondern liegen in der geschichtlichen Entwicklung dieser Länder. Aber heutzutage finanzieren wir Projekte, von denen wir wissen, dass sie schlechte ökologische und soziale Auswirkungen haben. In der Konsequenz zwingen wir viele Menschen aus diesen Ländern zu flüchten, weil es dort keine guten Perspektiven mehr gibt. Die 10.000 Euro Spendengelder kompensieren nicht den sozialen und ökologischen Schaden, den wir in diesen Ländern bei der Finanzierung bestimmter Projekte zuführen.

Momos: Was sind das für Projekte?

Daidalos: In Indien ging es um die Markteinführung von gentechnisch veränderter Baumwolle. Der Saat Gut Hersteller aus der USA wollte neue Märkte erschließen genauso wie die Düngemittel und Pestizid Hersteller aus Europa. Für das teure Saatgut und die Düngemittel haben viele indische Landwirte hohe Kreditsummen aufgenommen. Statt erfolgreicher Ernten wurden viele Menschen krank und ihre Einnahmen reichten nicht mehr aus um die Kredite zurückzuzahlen. Viele kleine Landwirte haben dadurch ihre Existenz verloren. Nun teilen sich ein paar größere Baumwolle Bauern in Indien den Markt unter sich auf und die westlichen Firmen machen weiterhin gute Geschäfte zulasten der kleinen Landwirte. Viele Familien können sich die Schulausbildung ihrer Kinder nicht mehr leisten und es mangelt an Geld für eine medizinische Grundversorgung. Viele kleine Baumwolle Bauern denken nur noch an Selbstmord. Bei diesen Deals hat Krösus Millionen Honorare abkassiert und Hades hatte über Mikrofinanz Fonds tausende Bauern finanziert, die nun nicht

mehr zahlen können. 10.000 Euro Spende an eine Hilfsorganisation hilft nicht wirklich. Vor allem ist es keine
nachhaltige Hilfe. Die Menschen in Indien werden abhängig von diesen Spenden, weil ihnen ihre Existenzgrundlage
entzogen wurde. Weißt du aber was wirklich verrückt ist?

Momos: Was?

Daidalos: Indien hat an vielen Orten mit Hunger und Armut zu kämpfen. Verschärft wird die Lage durch den
Bankrott vieler Kleinbauern. Krass ist dann zu hören, dass
ein indisches Unternehmen in Äthiopien landwirtschaftliche Flächen mietet für den Anbau und Export von Nahrungsmittel. Das Phänomen bezeichnet man neuerdings
als Land Grabbing. Die indische Regierung schaut einfach
nur zu und der Westen spendet Geld in die ärmsten Regi-
onen Äthiopiens und Indiens. Äthiopien ist schließlich
auch von Hunger und Armut betroffen.

Momos: Das ist wirklich bedauerlich. Was für ein Projekt
wurde in Haiti finanziert?

Daidalos: In Haiti ging es um den Export von landwirtschaftlichen Erzeugnissen aus den USA nach Haiti und
den Fischfang vor den Küsten Haitis. Haiti wurde in den
letzten Jahrzehnten vom In- und Ausland komplett ausgebeutet. Kinder leben auf Mülldeponien auf Haiti. Abwas-
serleitungen sind von Plastikmüll verstopft. 98% des Re-
genwaldes auf der Insel wurden zerstört. Das Erdbeben
dort Anfang des Jahres macht alles nur noch schlimmer.

Momos: Aber warum exportiert die USA Nahrungsmittel
nach Haiti?

Daidalos: Weil ähnlich wie in Indien, die Existenzgrundlage vieler Bauern zerstört wurde. Durch die subventionierten Lebensmittel aus den USA, sind die lokalen Lebensmittel auf Haiti im Vergleich sogar teurer in der Herstellung. Folglich kaufen die Menschen auf Haiti vorzugsweise Lebensmittel aus den USA mit Geld aus den USA. Arbeitsplätze auf Haiti werden so systematisch vernichtet.

Momos: Wie hat jetzt die Goldberg AG an der Entwicklung profitiert?

Daidalos: Krösus hat einige Nahrungsmittelerzeuger und Nahrungsmittelexporteure im Namen von multinationalen Großkonzernen gegründet, damit er auf der einen Seite steuerliche Vergünstigungen und Subventionen erhält und auf der anderen Seite die landwirtschaftlichen Überschüsse ins Ausland wie z.B. nach Haiti verkaufen konnte. Krösus hatte lukrative Beratungsverträge geschlossen und Millionen verdient. Diese imperialistische Handelspolitik ist ein weltweites Phänomen. Nicht nur in Haiti. Gelenkt werden diese Strategien von der Macht des Geldes.

Momos: Mit der Aussicht auf Geld sind wir wohl bereit die gesamte Natur zu zerstören und damit auch die menschliche Existenz.

Daidalos: Für Afrika hat Krösus im Auftrag von europäischen Nahrungsmittelherstellern ebenfalls Unternehmen gegründet, die steuerliche Vergünstigungen und Subventionen erhalten, damit sie unter den Weltmarktpreisen Geflügel und Tomatenprodukte nach Afrika verkaufen. Die lokalen Landwirte in Ghana zum Beispiel sind nicht in der Lage zu diesen Kosten zu produzieren und unterliegen der

Konkurrenz aus Europa. Mit der Fischerei ist das ähnlich. Das Ausland entzieht den ärmsten Ländern der Welt ihre Existenzgrundlage. Viele Menschen versuchen dann aus dem Elend zu flüchten. Bald wird Afrika versuchen nach Europa zu flüchten. Statt die Probleme nachhaltig zu lösen, werden wir Geld spenden und Kredite verteilen.

Momos: Was ist der nächste Deal?

Daidalos: Öl- und Gas. Wenn viele arme Länder und ihre Bürger durch diesen Kapitalismus auf die Knie gezwungen werden, dann verkaufen sie uns auch günstig ihre Rohstoffe. Ihre Arbeitskraft bieten sie fast kostenlos an.

Momos: Das Konfliktpotential ist extrem groß, oder?

Daidalos: Deswegen bastelt Krösus auch an megagroßen Rüstungsdeals. Hades finanziert im Gegenzug viele Länder, damit große Rüstungsprojekte realisiert werden können. Raketen, Panzer, Kampfjets und Sturmgewehre.

Momos: Gleichzeitig investiert Hades in die Aktien der Rüstungsunternehmen. So verdient er an den Zinszahlungen der Staaten und an den Dividenden der Rüstungskonzerne.

Daidalos: Hades ist ein Master of the Universe.

Momos: Hades ist der Totengott und der Herrscher der Unterwelt.

Daidalos: Bedauerlicherweise lebt er auf dem Olymp des Geldes.

Gierige Jahresendrally

Frankfurt am Montag, den 4. Oktober 2010, um 8 Uhr. Im Konferenzraum haben sich alle Beschäftige der Goldberg AG versammelt. Midas präsentiert seinem Team seine Ziele für das letzte Quartal 2010 und berichtet über aktuelle Geschäftsentwicklungen.

Midas: Guten Morgen zusammen. Ich möchte heute kurz ein Statusupdate über die aktuelle Geschäftslage geben und euch über ein paar kleine Veränderungen in unserem Büro informieren, die in Kürze in Kraft treten. Das Jahr 2010 läuft bisher ausgesprochen gut. Die Partnerschaft mit Redrock zahlt sich aus. Das starke Fondsgeschäft hat neue Rekordeinnahmen erzielt und trägt maßgeblich zu den neuen Umsatzsteigerungen bei. Der Umsatz ist im Vergleich zu 2009 um fast 50% gestiegen auf momentan 170 Millionen Euro. Bis zum Ende des Jahres sollte die 200 Millionen Euro Marke überschritten werden. Der Gewinn für das Jahr 2010 könnte dann bei knapp 10 Millionen Euro liegen. Ohne die Sondereffekte, bedingt durch Kosten für das Restrukturierungsprogramm wäre unser Gewinn wahrscheinlich vier Mal so hoch. Das heißt, wir sind auf Kurs. Nichtsdestotrotz haben wir zusammen mit unserem Strategie Berater McGreedy eine Kostenanalyse vornehmen lassen und ein weiteres Effizienzsteigerungs-Programm erstellt. Hades hat über seine Fonds alle Immobilien gekauft, die wir im Moment als Büro nutzen vom ehemaligen Eigentümer Redstone. Die Mieteinnahmen, die der Fonds nun erzielt sind vergleichsweise gering. Wir haben uns gefragt warum? Wir haben festgestellt, dass der Umsatz pro Quadratmeter definitiv steigerungsfähig ist, wenn wir aus unseren großzügigen Büroflächen ein Großraumbüro schaffen mit weniger Einzelzimmern. Mit dem neu geschaffenen Platz in unserem Büro werden wir neue Mitarbeiter einkaufen, die mehr ETF Fonds verwalten werden. Das wird den Umsatz des Unternehmens und die Einkünfte der Fonds von Hades weiter steigen lassen. Durch mehr Mitarbeiter sind wir außerdem in der Lage unsere offiziellen Geschäftszeiten zu verlängern von 7 Uhr bis 22:30 Uhr von bisher 8 Uhr bis 20 Uhr. Unser kleines Bistro mit den Mikrowellen im Erdgeschoss werden wir schließen zu Gunsten ein paar neuer Flächen zum Arbeiten. Die kostenlosen Trinkwasser Tanks auf den einzelnen Stockwerken werden alle ersetzt durch gebührenpflichtige Automaten. Schokoriegel und Sandwiches können sich dort gezogen werden. Hades hat den Automatenhersteller ebenfalls gekauft und er sucht neue Umsatzmöglichkeiten. Unser Büro kann als Musterbeispiel für andere Büros dienen. Selbstverständlich wollen wir ihn durch unseren Konsum unterstützen. Der Slot für die 90 minütige Mittagspause wird verkürzt von 11:30 Uhr bis 14:30 Uhr auf 60 Minuten zwischen 12 Uhr und 13 Uhr. Wer es abends nicht nach Hause schafft, für den haben wir eine Schlafecke eingerichtet. Dann seid ihr am nächsten Tag auch wieder pünktlich in der Arbeit. Ab sofort erhält jeder von euch einen Shitberry, damit ihr jederzeit für uns und die Kunden erreichbar seid. Emails könnt ihr nun von überall checken und beantworten. Bitte zukünftig euer Team bei jeder ausgehenden email immer in CC nehmen, damit jeder informiert ist, was gerade passiert. Gibt es irgendwelche Fragen?

Momos: Wenn das Bistro bei uns schließt, dann sind wir auf ein Restaurant in der Nähe angewiesen. Eine Mittagspause von maximal einer Stunde scheint mir dann etwas unrealistisch. Und wenn es keine Mikrowellen mehr gibt, dann können wir uns auch kein Essen von zu Hause mehr warm machen. Bleibt wenigstens der Gemeinschaftsraum für das gemeinsame Essen zur Verfügung oder werden dort auch Arbeitsplätze sein?

Midas: Der Gemeinschaftsraum wird ebenfalls verschwinden. Die Logik hinter der Umstrukturierung ist, dass ihr mehr bei Lieferdiensten bestellen und direkt am Arbeitsplatz essen sollt, damit ihr immer erreichbar seid. Für diejenigen, die nicht am Arbeitsplatz essen möchten, für die lassen wir ein paar Bartische in der Lobby stehen, damit man wenigstens in Ruhe im Stehen essen kann.

Momos: Hat Hades in die Lieferdienste investiert?

Hades: Ja. Ich versuche überall die Umsätze zu steigern, damit ich das Investment wieder weiterverkaufen kann mit größtmöglichen Profit.

Krösus: Ich arbeite an entsprechenden Fusions- und Übernahmeplänen für den Lieferdienst, die Automaten und die Immobilien.

Ikarus: Da unser Unternehmen wieder profitabel ist, gibt es dieses Jahr wieder Weihnachtsgeld?

Midas: Nein. Das Weihnachtsgeld wird gestrichen. Wir müssen sparen, damit wir unsere Ziele erreichen.

Momos: Was ist das Ziel?

Krösus: Die Umsätze und Gewinne jedes Jahr zu steigern!

Momos: An was werden wir nächstes Jahr sparen?

Midas: Wir versuchen den größtmöglichen Gewinn zu erzielen. Nach diesem Effizienz Programm werden wir auf der richtigen Spur sein. Ein anderes Thema sind unsere Ergebnisse im Eigenhandel. Die Volatilität wird im Zuge der Staatsschuldenkrise weiter zunehmen. Das bedeutet für uns mehr Handelsmöglichkeiten und wir können höhere Risikoprämien fordern für unsere Geschäfte. Der Wal aus London wird uns behilflich sein. Er wird versuchen die Zinssätze, Devisenkurse und Edelmetallkurse zu unseren Gunsten zu bewegen. Mit Redrock und dem Wal aus London haben wir ein gutes Netzwerk mit Zugriff auf ein paar Milliarden an Investoren Spielgeld, das wir einsetzen können um die Preise der Basiswerte unserer Derivative Geschäfte zu beeinflussen.

Ikarus: Wie sieht das Thema mit der Datensicherheit bei uns aus?

Midas: Ich dachte, du kümmerst dich darum?

Ikarus: Ich kann die Lage in unseren ausländischen Tochtergesellschaften nicht überblicken.

Midas: Dann flieg dort hin und schau sie dir an. Das Thema besitzt eine hohe Priorität für mich. Du solltest dich dort mit unseren Steuerberatern und Wirtschaftsprüfern treffen und die Lage diskutieren. Mit unseren externen Finanzberatern haben wir so viele individuelle Finanzprodukte entwickelt, dass es schon schwierig wird einen genauen Überblick zu behalten. Ich weiß nur, dass diese Finanzkonstruktionen sehr sensible Finanz- und Steuerinformationen enthalten können, die auf keinen Fall an die Öffentlichkeit geraten dürfen. Eine öffentliche Debatte schadet unserer Wachstumsstrategie. In den nächsten drei Jahren will ich dieses Unternehmen zu einem Milliarden Imperium ausgebaut haben und die heute etablierten Fondsgesellschaften aus dem Markt drängen.

Ikarus: Welche Rolle soll überhaupt noch diese Steuer Strukturierung in den Steueroasen spielen, wenn in Zukunft das ETF Business die tragende Säule und das umsatzstärkste Geschäft werden soll.

Midas: Ikarus, du musst noch viel lernen. Eine erfolgreiche Geschäftsstrategie funktioniert nur mit guten Kunden und einem Netzwerk von guten Beratern. Über unsere externen Berater und unsere Steuersparmodelle kommen wir in Kontakt mit sehr vermögenden Kunden. Die Millionen von Steuern, die wir einsparen, veranlasst viele Kunden in verschiedene Fonds zu investieren. Selbst wenn die Kunden durch das Fondsgeschäft Verluste erleiden, haben sie durch unsere Steueroptimierung mehr Geld verdient als ohne unsere Beratung. Neben den Fonds eröffnen viele Kunden auch noch ein Depot bei uns und wir verdienen Geld durch den Kommissionshandel. Falls unter unseren Kunden ein echt großer Fisch schwimmt, dann kümmert sich Krösus um mögliche Fusionen und Übernahme Pläne.

Ikarus: Also ohne unsere Offshore Finanzkonstruktionen gibt es weniger Geschäftsmöglichkeiten?!

Hades: Irgendwie musst du die großen Fische ködern. Irgendwie einen Fonds verkaufen und Versprechungen machen, dass das ein gutes Fondsgeschäft wird, kann man nur selten machen. Meine Ölfonds zum Beispiel sind eine vielversprechende Investition, aber das kann auch schief gehen. Deswegen erkläre ich meinen vermögenden Kunden in zahlreiche andere Fonds zusätzlich zu investieren. Durch Diversifikation legen mehr und mehr Superreiche ihr Vermögen in unsere Fonds an und wir kassieren ein Haufen Verwaltungsvergütungen. Wenn etwas schief geht, dann haben wir wenigstens ein paar Steuern gespart. Die ETFs sind im Vergleich zu den aktiven Fonds sehr kostensparend und können von einem kleinen Team verwaltet werden trotz mehrerer Milliarden. Die Investitionsentscheidungen laufen sehr automatisiert ab. Wenn ETFs dann schlechte Performance abliefern, dann rechtfertigen wir uns mit dem Argument, dass der Markt daran schuld ist und nicht der Fondsmanager. Das bedeutet weniger Reputationsrisiken und bessere Wachstumsperspektiven für uns. Hast du das verstanden, Ikarus?

Momos: Wie lange werden diese Steueroptimierungsmodelle von der Politik noch geduldet? Die Staaten kaufen weltweit Daten von Banken auf um die Steuersünder aufzudecken.

Midas: Ich bin kein Politiker. Aber wir dürfen Steueroptimierung nicht mit Steuerhinterziehung verwechseln. Die Gesetze bieten viele Lücken und die Freiheit wird missbraucht. Wir, oder besser gesagt unsere externen Finanz- und Steuerberater, geben den Kunden die Möglichkeit diese Lücken zu nutzen. Danach können wir nur hoffen, dass diese Kunden auch ihre Pflichten im Rahmen der Steuererklärung erfüllen und die Einkünfte angeben, die sie erwirtschaften. Ich vermute aber, dass viele Kunden das nicht machen wie unser lieber Fußball Manager, der eine unvollständige Steuererklärung abgibt, weil er der

Meinung ist, dass sein Schweizer Bankkonto nie bekannt wird.

Krösus: Gier frisst das Hirn auf. Ich habe gehört Gerdy gerät ziemlich ins Schwitzen wegen seiner Provisionen oder soll ich besser sagen Bestechungsgelder? Der vermittelte Verkauf der Anteile an einer bekannten Rennsportserie kann für den Mann noch teuer werden. Firmen mit Briefkästen auf Mauritius, Jersey und schließlich eine Stiftung in Österreich sollen seine Einkünfte von mehr als 50 Millionen Dollar verschleiern. Warum macht sich jemand so viel Mühe? Man gibt seinen Seelenfrieden auf und sitzt auf einem Pulverfass.

Midas: Na um Steuern zu sparen. 35 Millionen Euro nach Abzug der Steuern wären nicht genug. Eine halbe Million Euro pro Jahr als festes Gehalt bei seinem aktuellen Arbeitgeber ist wohl auch nicht genug.

Hades: Der Erfolg eines Menschen wird an der Größe seiner Brieftasche gemessen.

Midas: Hades oder Krösus? Habt ihr noch andere wichtige Mitteilungen?

Hades: Wisst ihr was mich im Fondsgeschäft am meisten nervt? Das ist diese bekloppte Bürokratie! UCITS und AIFM Richtlinien, die ständig überarbeitet werden. Diese Branche steht vor so vielen regulatorischen Anforderungen, die eigentlich so primitiv ist. Es geht ums billige Kaufen und teure Verkaufen von Finanzinstrumenten und um Einkünfte aus Zinsen und Dividenden. Bei diesen Richtlinien gibt es so viele Ausnahmen von den Regeln und überhaupt frage ich mich, ob dort bei der EU Kommission oder dem EU Parlament diese Richtlinien wirklich verstanden werden? Wenn die EU nicht ernsthaft etwas an ihrer Arbeitsweise ändert, dann ist die Schuldenkrise der Anfang vom Ende für diese Gemeinschaft. Ich muss die Sitzung jetzt verlassen. Ich habe ein Meeting mit den Wirtschaftsprüfern genau über das Thema UCITS und AIF. Auf wiedersehen.

Krösus: Keine weiteren Mitteilungen.

Midas: Die Sitzung ist damit geschlossen.

Ikarus und die karibischen Inseln

Cayman Islands am Montag, den 11. Oktober 2010, um 9 Uhr. Ikarus kontrolliert die Datensicherheit in den Auslandsniederlassungen. Seinen ersten Besuch macht Ikarus auf den Cayman Islands. Vor einen großem Bürogebäudekomplex verliert Ikarus die Orientierung, da die Anzahl der registrierten Firmen und Briefkästen seine Vorstellung übersteigt. Verzweifelt ruft Ikarus Midas an und fragt nach Rat.

Ikarus: Hallo Midas?

Midas: Ja, was gibt es?

Ikarus: Ich kontrolliere die Auslandsniederlassungen unserer Gesellschaften und unserer Fonds. Im Moment bin ich auf den Cayman Islands. Ich bin zu der registrierten Adresse gefahren, aber ich stehe vor einem großen Gebäudekomplex mit tausenden von Briefkästen und wenn ich an der Türe klingele, dann macht mir niemand die Tür auf. Um ehrlich zu sagen, ich weiß nicht einmal, ob dort wirklich jemand arbeitet?!

Midas: Das ist etwas kompliziert. Viele Firmen existieren dort nur auf dem Papier. Also es gibt kein richtiges Büro oder Angestellte.

Ikarus: Aber auf dem Handelsregisterauszug steht, dass zum Beispiel bei der Firma Heaven Offshore das eingezahlte Grundkapital 10 Millionen Dollar beträgt und drei Geschäftsführer sind mit Namen genannt. Es ist doch unmöglich, dass niemand hier anwesend ist.

119

Midas: Die Geschäftsführer, die dort genannt sind, sind noch in mindestens 100 anderen Firmen die Geschäftsführer. Lass dich nicht von den vielen Briefkästen irritieren. Ruf bitte den Anwalt und Steuerberater Sisyphos auf den Cayman Islands an und vereinbare einen Termin. Du musst dich vorher anmelden.

Ikarus: Alles klar. Danke.

Ikarus ruft den Steuerberater Sisyphos auf den Cayman Islands an.

Ikarus: Hallo Sisyphos?

Sisyphos: Hallo, wie kann ich dir weiterhelfen?

Ikarus: Ich stehe gerade vor dem Sitz der Firma Heaven Offshore. Kann ich bitte einen Termin mit den Geschäftsführern haben?

Sisyphos: Also, du musst den Termin mit mir machen. Die genannten Geschäftsführer sind nur die Geschäftsführer auf dem Papier.

Ikarus: Wie?! Nur Geschäftsführer auf dem Papier? Existieren diese Leute gar nicht?

Sisyphos: Doch natürlich existieren die Geschäftsführer, aber sie sind nur als Geschäftsführer eingetragen, damit diese Firma existieren kann. Die Entscheidungen tragen nach wie vor die Eigentümer der Firma, also unsere Kunden oder die Goldberg AG selbst, wenn sie bevollmächtigt ist. Die Geschäftsführer der Heaven Offshore handeln nur im Auftrag des Eigentümers. Diese Leute sitzen noch in 100 anderen Firmen als Geschäftsführer auf dem Papier.

Ikarus: Kann ich ein Treffen mit dir am Sitz des Unternehmens vereinbaren?

Sisyphos: Wozu? Dort sind doch nur die Briefkästen.

Ikarus: Ich dachte, es gibt auch ein Büro?

Sisyphos: Wozu? Es gibt doch überhaupt keine Angestellte in diesen Firmen.

Ikarus: Aber was machen diese Firmen dann überhaupt?

Sisyphos: Sie spekulieren am Finanzmarkt wie alle anderen Hedge Funds auch. Wir beherbergen sozusagen ein großes Spielkasino auf unserer Insel. Die Leute, die für diese Fonds zuständig sind, sitzen in den USA oder irgendwo in Europa. Aber das weißt du doch besser als ich oder?

Ikarus: Was genau ist deine Aufgabe?

Sisyphos: Naja. Ich hole die Post ab, archiviere den Schriftverkehr und organisiere die rechtsverbindliche Unterschrift der Geschäftsführer und Eigentümer, falls die Firma einen Vertrag abschließt. Am Ende des Jahres reiche ich den Jahresabschluss (falls überhaupt notwendig) und andere gesetzlich vorgeschriebene Dokumente bei den Behörden ein.

Ikarus: Kann ich die Archivierung kontrollieren?

Sisyphos: Selbstverständlich. Viele Dokumente findest du auf unseren Datenservern. Ich kann dir die Zugangsdaten schicken. Dann kannst du Einsicht nehmen von überall auf der Welt. Du brauchst nur einen Internetzugang.

Ikarus: O.k, ich bin in 15 Minuten bei dir. Bis gleich.

Sisyphos: O.k. Bis gleich.

Spekulationen mit Bullen, Bären und Schafen

Frankfurt am Montag, den 04. April 2011, um 9:30 Uhr. Im Händlerraum sitzen Daidalos und Momos und kümmern sich um das Tagesgeschäft. Kunden, Geschäftspartner und die Goldberg AG jagen nach Renditen am Aktien- und Anleihemarkt.

Daidalos: Weißt du, was ich so faszinierend finde?

Momos: Wie Menschen sich wegen des Geldes fast umbringen?

Daidalos: Das auch. Ich finde es faszinierend, dass du heute so schnell und einfach mit steigenden und fallenden Kursen Gewinne machen kannst. Selbst die einfachen Privatkunden wetten mit CFDs auf Kursveränderungen weltweit. Das ist echt krass.

Momos: Ich habe hier gerade einen Händler aus dem Delta 1 Team von der schweizer BUBS aus London in der Leitung. Eigentlich ruft er uns immer an, um seine ETF Geschäfte zu hedgen. Heute fragt er mich nach meiner Meinung nach dem Kursverlauf auf den Euro Stoxx. Was soll ich ihm sagen? Bin ich ein Orakel?

Daidalos: Stell Ihn mal rüber zu mir!

Momos: O.k.

Daidalos: Eku Boboli, wie kann ich dir heute weiterhelfen?

Boboli: Ich wollte wissen, was ihr glaubt, in welche Richtung der Markt heute geht!

Daidalos: Also wir wetten auf fallende Kurse wegen der Schuldenkrise. Möchtest du nicht deine Trading Positionen absichern? Wir können dir ein paar Aktienpakete für Dax und Euro Stoxx ETFs verkaufen. Hast du kein Interesse?

Boboli: Ich glaube heute sichere ich mich nicht ab.

Daidalos: Ich dachte du arbeitest im Delta 1 Team und nicht im Eigenhandel!?

Boboli: Ja, das stimmt, aber mein Bonus hängt von meinem Handelsergebnis ab. Ich will, dass dieses Jahr die Kasse klingelt. Für das letzte Jahr bekommen einige unserer Kollegen sechsstellige Summen als Bonus.

Daidalos: Im Turm neben uns zahlt die Bank auch sieben oder achtstellige Boni. Für besondere Geschäfte kann ich dich übrigens an den Wal von London vermitteln. Der Wal schließt jedes Geschäft mit dir ab.

Boboli: Also ich glaube, dass wird heute mein Tag ganz ohne Hedging. Ich muss auflegen. Bis morgen.

Momos: Und?

Daidalos: Irgendwann treibt er seine Bank noch in den Ruin. Was machen wir jetzt mit den Aktienpaketen, Momos?

Momos: Ich rufe Hades an.

Daidalos: Gute Idee.

Hades: Was gibt es, Momos?

Momos: Möchtest du ein paar Blue Chips kaufen? Ich habe dir die Liste von Aktien zu gemailt.

Hades: Ich habe jede Menge Mittelzuflüsse. Ich schwimme im Geld. Ich kaufe alles.

Momos: Super. Ich schicke dir heute Nachmittag die Abschlussrechnung.

Hades: Schick die Abschlussrechnung meinen Assistenten. Ich bin heute Nachmittag mit einem Kunden auf dem Golfplatz.

Daidalos: Unsere Analysten werden die Aktien nächste Woche abwerten. Wir müssen alle Papiere aus unseren Büchern bekommen. Sonst besteht ein zu großes Verlust Risiko.

Momos: O.k. Paket 1+2 habe ich gerade an Hades verkauft.

Daidalos: Fehlt nur noch Paket 3+4.

Momos: Was ist da drin?

Daidalos: Griechische Anleihen. Spätestens nächsten Monat sind diese Anleihen nur noch die Hälfte wert. Mit dem Wal von London haben wir das Ausfallrisiko durch Credit Default Swaps abgesichert, aber wir könnten noch mehr

Geld machen, wenn wir die Anleihen rechtzeitig verkaufen, denn dann erzielen wir Gewinne mit den CDS statt nur Verluste auszugleichen. Ich habe eine Idee: Ich rufe Giovanni an.

Giovanni: Was ist los, Daidalos? An welcher Atombombe bastelst du diesmal?

Daidalos: Möchtest du griechische Anleihen kaufen?

Giovanni: Willst du mich verarschen? Sag mal willst du mich verarschen, du Arschloch?

Daidalos: Scheisse. Ich wollte doch nur fragen.

Giovanni: Verkauf sie deiner Großmutter! Ich leg jetzt auf. Ciao.

Momos: Klingt nach einem gescheiterten Versuch.

Daidalos: Ich rufe Enrique in Madrid an.

Enrique: Hallo Daidalos. Wie kann ich dir helfen?

Daidalos: Willst du griechische Anleihen kaufen?

Enrique: Hey Daidalos, unser Staat steckt selber in einer Schuldenkrise. Ich brauche nicht noch mehr Risiko. Wenn ich diese Anleihen kaufe, dann sehen meine Bankkunden ihr Geld nie wieder.

Daidalos: Sie könnten ja meine Kunden werden. Ich habe genug Geld zur Verfügung. Solange du mir dein Strandhaus auf Ibiza zur Verfügung stellst, werde ich dich nicht weiter nerven.

Enrique: O.k. Was macht eigentlich Ikarus?

Daidalos: Er versucht jedes Jahr etwas höher zu fliegen. Im Moment ist er Vize Präsident der Goldberg AG. Midas hat ihm angeboten nächstes Jahr oder spätestens im darauffolgenden Jahr in den Club der Sonnengötter, also der Geschäftsführung der Goldberg AG aufzusteigen.

Enrique: Dann wünsche ich ihm viel Glück. Er soll aber aufpassen, dass er sich nicht die Flügel verbrennt. Das Bankgeschäft ist heute auch nicht mehr so sicher, wie es mal war. Ich habe viel zu tun. Ich muss viele Unterlagen für die Bankenaufsicht vorbereiten. Als wäre unser Jahresabschluss nicht ausreichend genug. Ich lege jetzt auf. Adios.

Daidalos: Adios. So jetzt rufe ich meine irischen Freunde Bumme und Dowe von der Banglo Bank an. Diese Idioten kaufen bestimmt.

Dowe: Yeah? Was ist los du Hurensohn?

Daidalos: Hallo Dowe, du verdammtes Arschloch. Möchtest du ein paar griechische Staatsanleihen kaufen?

Dowe: Warte ich muss Bumme fragen.

Momos: Sieht gut aus.

Dowe: Ja. Bumme hat gesagt, das sei kein Problem. Wenn unsere Bank Pleite gehen sollte, dann rufen wir dich sowieso an. Deutschland, Deutschland über alles...

Daidalos: Warum mich? Ruf das deutsche Finanzministerium an, wenn du Hilfe brauchst.

Dowe: Besitzt denn Deutschland soviel Steuereinnahmen? Eure Konzerne verschieben doch auch Milliarden ins Ausland um Steuern zu sparen.

Daidalos: Fang nicht damit an. Du kennst dich mit „Double Irish" und „Dutch Sandwich" doch besser aus als ich.

Dowe: Was ist das? Habe ich noch nie gehört.

Daidalos: Dann google doch mal du Idiot. Ich schicke dir die Abschlussrechnung heute Nachmittag. Ich muss jetzt auflegen. Bye-Bye.

Dowe: Als Dankeschön schicke ich dir einen schönen leckeren Irish Whisky.

Daidalos: Ich trinke aber nur Scotch Whisky.

Dowe: Stimmt. Das habe ich vergessen. Trägst du nicht manchmal auch Schottenröcke?

Daidalos: Den Rock trage ich nur, wenn ich an Fasching auf meinem Dudelsack spiele.

Dowe: Du bist pervers. Verpiss dich aus meiner Leitung.

Momos: Das ging doch alles super schnell.

Daidalos: Ich weiß überhaupt nicht, warum Midas mehr Automatisierung im Handel wünscht. Wie könnte ein Computer griechische Anleihen verkaufen?

Momos: Egal ob Mensch oder Maschine. Am Ende wollen wir alle doch nur Profit machen.

Daidalos: Ja natürlich. Aber was noch besser ist: Wenn wir nicht mehr Eigentümer der griechischen Anleihen sind, dann müssen wir auf keine Gläubigerversammlung nach Athen fliegen. Vielleicht kauft die Zentralbank demnächst direkt diese Anlagen. Dann kann der EZB Präsident mit dem griechischen Finanzministerium verhandeln. Das ist doch alles Mega Bullshit.

Momos: Aber die EU Verträge verbieten der Zentralbank die direkte Staatsfinanzierung oder nicht?

Daidalos: Wen interessieren die EU Verträge, wenn das gesamte europäische Bankensystem vor dem Kollaps steht? Ich meine, es gibt drei Wege in diesem Geschäft Geld zu machen: Du musst der Erste sein, du musst schlauer sein oder du musst ganz einfach betrügen. Bei unserem heutigen Geschäft waren wir schnell und ziemlich schlau. Die nächste Transaktion mit griechischen Anleihen wird schwieriger.

Momos: Bullen machen Geld, Bären machen Geld und Schafe werden geschlachtet.

Rückkehr von Momos aus dem Land der unbegrenzten Möglichkeiten

Frankfurt am Mittwoch, den 1. Juni 2011. Momos kehrt von einer Geschäftsreise aus den USA zurück. Im Auftrag von Hades und Krösus sollte Momos ein paar Firmen besuchen, an denen Hades über seine Fonds beteiligt ist. Momos sollte Informationen sammeln und herausfinden, wie viel Wachstumspotential die Firmen besitzen. Momos berichtet Daidalos über seine Erfahrungen.

Daidalos: Wie war es in Amerika?

Momos: Wunderbar scheiße.

Daidalos: Warum?

Momos: Die Firmen, die ich besuchen sollte, haben bedauerlicherweise genug finanzielle Mittel eingesammelt für eine flächendeckende Expansion und damit neues Wachstum zu generieren. Vorausgesetzt ihre Kunden kaufen diese Produkte. Die Chancen stehen allerdings gut, dass sich die Produkte gut verkaufen. Das ist ein riesiges Dilemma.

Daidalos: Das ist doch gut. Hades wird sich freuen. Er wird bestimmt schön hohe Renditen erzielen.

Momos: Wenn du wüsstest, welche kranken Geschäftsmodelle einige Firmen praktizieren.

Daidalos: Hier in Europa ist das doch bestimmt nicht viel anders.

Momos: Ja, du hast Recht. Krösus und Hades finanzieren ähnliche Geschäftsmodelle in Europa. Das ist trotzdem kein Argument, den Scheiß zu finanzieren.

Daidalos: Was ist das denn für ein Scheiß?

Momos: Wo soll ich anfangen? Zunächst einmal hat dieses Land einen extrem großen Bedarf an Erdöl und Erdgas. Um seine Energieimporte zu reduzieren, beginnen viele Firmen mit dem sogenannten Fracking und zwar überall dort, wo eine ausreichend große Quelle vorhanden ist. Egal, ob in einer Wohnsiedlung oder einem Erholungsgebiet. Wenn die Quelle genug Geld bringt, dann werden Chemikalien in den Boden gepumpt bis die tieferen Gesteinsschichten aufplatzen und so wird Erdgas an Stellen freigesetzt, die vorher nicht erreichbar waren. Diese Methode zerstört erstens die Landschaft und zweitens verunreinigen die Chemikalien das Grundwasser im Boden.

Daidalos: Ich glaube die Landschaftszerstörung beim Abbau von Ölsand in Kanada ist viel schlimmer.

Momos: Das ist doch kein Argument die Fracking Methode finanziell zu fördern. Langfristig brauchen wir mehr Investitionen in erneuerbare und saubere Energien und dafür vorgesehene Forschungsprojekte, weil sonst unsere saubere Landschaft, unsere sauberen Böden und unser sauberes Trinkwasser verschwindet.

Daidalos: Alternativ investiert Hades in die Pellets Produktion. Das ist doch eine saubere Energie.

Momos: Ja, aber es geht hier nicht um irgendwelche Kompensationen. Beide Technologien gefährden die Umwelt.

In Georgia entsteht eine der größten Pellets Fabriken der Welt. Die umliegenden Wälder werden abgeholzt, zu Pellets verarbeitet und nach Europa exportiert. Von nachhaltiger Aufforstung ist keine Spur. Es ist absehbar, dass die Gegend bald ohne Bäume sein wird und die umliegenden Naturschutzgebieten werden ebenfalls zerstört. Hades investiert in die Pellets Produktion sehr großzügig und verzichtet auf Naturschutz und Aufforstungsprojekte. Solche guten Projekte würden schließlich seine Renditen schmälern.

Daidalos: Der Regenwald in Südamerika wird doch viel schneller abgeholzt. Das ist halt so.

Momos: Der Regenwald in Südamerika oder Südostasien wird abgeholzt zugunsten von irgendwelchen Monokulturen. Hast du dir die Palmölproduktion in Malaysia und Indonesien oder die Ethanol Produktion in Brasilien mal genauer angeschaut?

Daidalos: Zumindest wird dort eine andere Pflanze in den Boden gepflanzt. In Südeuropa werden schöne Küstenlandschaften in Golf Resorts umgebaut. Aber es ist doch logisch: Ein Golf Resort oder das Palmöl oder das Ethanol bringt doch mehr Geld als unbewirtschaftetes Land. Wen hast du noch in den USA besucht?

Momos: Ich habe ein paar Mastbetriebe besucht. In den USA gibt es jede Menge Fast Food Restaurants und diese Restaurants verlangen viel Fleisch. Hades hat auch dort viel Geld investiert.

Daidalos: Was ist daran so schlecht? Die Menschen leiden keinen Hunger.

Momos: Die Essgewohnheiten sind grauenhaft. Im Fernsehen laufen die ganze Zeit Diät Tipps, weil die Menschen sich dort völlig unausgewogen ernähren und zu viel Fleisch essen.

Daidalos: Hades investiert auch in die Diät Industrie. Auf der einen Seite werden Menschen krank durch schlechte Essgewohnheiten und dann werden sie schlank durch teure Diätprogramme.

Momos: Weißt du, in der Praxis ist das Bild in der Geflügelmast oder in der Rinderzucht wirklich erschreckend.

Daidalos: Die Tierzucht und Verarbeitung in Asien ist doch noch viel schlimmer.

Momos: Wer redet denn von Asien, wo sogar Hunde und Katzen in den Kochtopf fallen oder den Tieren bei lebendigem Leibe das Fell abgezogen wird, damit die Textilindustrie das Fell an ein paar Winterjacken oder Mützen nähen kann. Ich meine, ich habe Geflügel gesehen, die so gezüchtet werden, damit sie eine riesige Brust ausbilden können. Die Geflügel werden schnell krank und fallen nach vorne über, wenn sie überhaupt genug Platz haben, weil viele Mastanlagen sind so gebaut, dass die Tiere kaum Platz haben sich zu bewegen. Der Einsatz von Antibiotika hat ebenfalls extrem negative Auswirkungen. Spätestens dann, wenn wir diese Produkte als Nahrung aufnehmen. Welcher Bauer freut sich über die Arbeit mit Turbogeflügel? 320 Eier im Jahr pro Huhn und eine Schlachtreife in nur einem Monat? Das ist doch Wahnsinn.

Daidalos: Ich habe ein paar Chicken Wings heute bestellt. Möchtest du mitessen? Übrigens weißt du wie viel Liter Milch eine Kuh heute produziert?

Momos: Ja. Ich habe Kühe gesehen, die produzieren bis zu 10.000 Liter Milch im Jahr (27 Liter am Tag) und es wird jedes Jahr mehr. Die großen Milchbetriebe bieten die Milch so günstig an, dass kleinere Bauernhöfe mit weniger Milch pro Kuh nicht mehr kostendeckend arbeiten können. Das ist ein extrem harter Wettbewerb geworden.

Daidalos: Je günstiger, desto besser.

Momos: Ich dachte, du willst hohe Renditen erzielen? Wie kann dann günstiger, besser sein?

Daidalos: Mit den großen Zucht- und Mastbetrieben schaffen wir extrem gute Wettbewerbsvorteile und arbeiten sehr kosteneffizient. Hinzu kommen staatliche Subventionen. Hades macht dort ein gutes Geschäft.

Momos: Wir zerstören mit dem Wahn immer mehr Milch zu produzieren die Preise und die Existenz vieler Bauernhöfe.

Daidalos: Wir sind eine Dienstleistungsgesellschaft geworden und das ist auch gut so. Oder willst du wieder in einem Schweinestall arbeiten?

Momos: Die Arbeit an der frischen Luft wäre eine gelungene Abwechslung vom stickigen Büroalltag. Wir sollten unsere Nutztiere und unsere Nahrungsmittelherstellung etwas mehr wert schätzen. Wenn ich einen Beitrag für eine bessere Vieh- und Landwirtschaft leisten kann, dann geh ich auch in den Schweinestall und melke ein paar Kühe. Ich wäre mir da nicht zu schade. Schließlich wachsen deine Chicken Wings nicht an deinem Computer.

Daidalos: Hast du die neuen Immobilien Projekte besichtigt?

Momos: Dabei handelt es sich größtenteils um Investitionen in Bürogebäude und Hotelanlagen. Ich vermisse etwas den Wohnungsbau.

Daidalos: Beim Wohnungsbau gibt es zu geringe Maklerprovisionen. Deswegen will Hades keine Wohnungen bauen. Wenn du wie Hades zuletzt ein Bürogebäude für 500 Millionen Dollar verkaufst, dann erhältst du 10% Provision. 50 Millionen Dollar bei nur einer Transaktion. Das ist ein Deal, oder?

Momos: Ich weiß. Die Provision investierte Hades in eine Fischzuchtanlage in Chile. Die Investition scheiterte aber an einem Virus, der die Fischbestände komplett zerstörte. Das ist eine echte Umweltkatastrophe. Die 50 Millionen Dollar hätte Hades auch in Abwasserentsorgung und Kläranlagen investieren können. In vielen Ländern werden nämlich Flüsse und Böden verunreinigt durch toxische Abwasser aus verschiedensten Industrien.

Daidalos: Die Ertragslage wäre nicht gut genug gewesen beim Bau von Kläranlagen.

Momos: Er hätte aber einen nachhaltigen Beitrag zum Umweltschutz geleistet. Für die Hersteller einer Kläranlage und den Betreiber einer Kläranlage gebe es bestimmt keine schlechte Ertragslage.

Daidalos: Mag sein, aber wir könnten den Betreiber einer Kläranlage nicht mit zu hohen Zinsen belasten. Die Erträge aus dem Betrieb der Kläranlage bleiben weitestgehend konstant und sind nicht steigerungsfähig. Das ist scheiße.

Momos: Die Hauptsache ist doch der Umweltschutz. Wenn wir die Kosten für den Betrieb decken können, ist doch schon viel erreicht.

Daidalos: Naja. Die Kläranlagen bringen sowieso nicht so viel, wie du dir das vorstellst. Die ganzen Mikro Plastik Teilchen werden nicht richtig gefiltert. Bestimmte Viren und Bakterien werden durch die Kläranlagen auch nicht zerstört. Einem gewissen Grad an Umweltzerstörung sind wird immer ausgesetzt.

Momos: Dann können wir auch weiter Tonnen mit radioaktiven Atommüll ins Meer werfen, wenn dir alles egal ist. Das ist doch krank! Wir müssen wirklich alles versuchen die Umwelt vor irreparablen Zerstörungen zu bewahren. Wir, als Investmentbanken können einen wichtigen Beitrag leisten, statt mit irgendwelchen Wertpapieren und Derivaten sinnlos zu spekulieren.

Daidalos: Wie gesagt, dein soziales und ökologisches Engagement bringt zu wenig Rendite.

Momos: Ich bin mir sicher, dass wir positive Renditen erzielen können. Mit Hilfe der Politik könnten wir die Investitionen in den Umweltschutz finanziell noch lukrativer machen z.B. durch steuerliche Vergünstigungen oder Subventionen. Im Gegensatz zu den Subventionen und Steuervergünstigungen, die die landwirtschaftliche Betriebe im

In- und Ausland in einen desaströsen Preiskampf treiben und wir mit ansehen wie unsere Nutztiere aus Profitgier verelenden, wäre es sinnvoller öffentliches und privates Geld in Unternehmungen zu stecken, die uns helfen die Umwelt vor irreparablen Zerstörungen zu bewahren.

Daidalos: Du träumst zu viel, Momos! Bist du auch bei dem Honighersteller in den USA gewesen, der die Bienen aus Europa importiert und sie quer durch das Land mit seinen LKWs fährt?

Momos: Ich habe den Regisseur Markus Imhoof bei seinen Dreharbeiten zum Film „More than Honey" getroffen. Die Dokumentation über diesen Wahnsinn kannst du dir dann im Kino ansehen. Weißt du, was Albert Einstein mal gesagt haben soll?

Daidalos: Was?

Momos: Wenn die Bienen aussterben, stirbt der Mensch vier Jahre später aus. Wir zerstören uns selber.

Daidalos: Nein. Wir befruchten die Obstbäume dann künstlich, was auch besser für die Rendite ist, da Bienen ja kostenlos die Pflanzen bestäuben. Mit den richtigen Chemikalien steigern wir sogar noch die Rendite.

Momos: Kurzfristig steigern wir die Renditen und langfristig zerstören wir uns selber. Kurz gesagt mein Aufenthalt war sehr traurig.

Daidalos: Ich habe gehört, du kannst im Supermarkt in der USA ein Sturm Gewehr kaufen. Stimmt das?

Momos: Ja, das stimmt. Neben normalen Jagd- und Sport-gewehren kannst du auch ein Sturmgewehr kaufen, sowie jede Menge Munition. Das beliebteste Sturmgewehr ist die AR-15. Deswegen gibt es ja so viele Unfälle mit Schuss-waffen in den USA. Es ist nur eine Frage der Zeit, wann der nächste Amoklauf stattfindet. Ich frage mich sowieso die ganze Zeit, ob es heutzutage notwendig ist mit parami-litärischen Waffen auf Jagd zu gehen. Welches Tier möchte man denn töten?

Daidalos: Ich glaube, dass sich eine Investition in die Waf-fenindustrie lohnt.

Momos: Die Staaten verlieren ihr Gewaltmonopol. Die Freiheit Schusswaffen zu tragen, widerspricht selbst der Auffassung vieler liberaler Politiker. Aber solange der Ver-kauf einer Schusswaffe ein finanziell lohnendes Geschäft ist, wird der Supermarkt in der USA den Verkauf nicht stoppen. Die Bereitstellung von finanziellen Mitteln für Waffenherstellern begünstigt die Expansion von Mord und Totschlag auch noch. Ich bin froh, dass die Waffen-gesetze in Europa deutlich restriktiver sind. Irgendwo müs-sen wir uns selbst Grenzen setzen, damit wir nicht in Ver-suchung geraten unser Leben aufs Spiel zu setzen. Ich meine, wenn jemand seinen Frust abbauen möchte, dann soll er doch Profiboxer werden und nicht Hobby Scharf-schütze. Das ist so erbärmlich.

Kursfeststellung und Performance Berechnung

Frankfurt am Montag, den 8. August 2011. Momos und Daidalos sprechen über das Unwissen ihrer Kunden hinsichtlich der verschiedenen Arten von Finanzinstrumenten, der Kursfeststellung und der Performance Berechnung.

Momos: Daidalos, was ist der Unterschied zwischen einer Aktie und einer Anleihe?

Daidalos: Ist das ein Witz?

Momos: Nein. Die Frage hat mir ein Kunde von uns gestellt. Ich habe die Frage natürlich beantwortet, aber vielen Menschen fehlt eine gewisse finanzielle Allgemeinbildung.

Daidalos: Unsere Kunden haben viele Fragen. Herr Meier möchte wissen, warum die Aktien von BMW im Vergleich zu vorletzter Woche so stark gefallen sind, obwohl der Gewinn kontinuierlich steigt.

Momos: Und was hast du ihm geantwortet?

Daidalos: Ich habe gesagt, dass der Aktienkurs vom täglichen Angebot und der Nachfrage abhängt. Zum Beispiel wurden heute über das elektronische Handelssystem XETRA insgesamt 7.467.791 Aktien von BMW gehandelt. Während des Handelsverlaufs wurden die Aktien zwischen 61,27 Euro und 54,51 Euro gehandelt. Der zuletzt festgestellte Kurs lag bei 55,14 Euro. Vorletzte Woche stand der

Kurs noch bei über 72 Euro. Das entspricht einem Kursverlust von über 20%.

Momos: Und wie hat er reagiert?

Daidalos: Es könnte doch nicht sein, dass die Aktie so stark fällt, wenn das Unternehmen auf dem Weg ist, neue Absatzrekorde aufzustellen.

Momos: Hast du ihm erzählt, dass BMW innerhalb von zwei Wochen mehr als 9 Milliarden Euro an Börsenwert verloren hat?

Daidalos: Ich habe ihm gesagt, es gibt über 600 Millionen Aktien und wenn man das mit dem Kursverlust multipliziert, erhält man einen um rund neun Mrd. niedrigeren Börsenwert als vor zwei Wochen. Dann wollte er wissen, ob das für die Firma BMW existenzbedrohend ist?!

Momos: Und du antwortest?

Daidalos: Ich habe ihm erklärt, dass die Aktienkursentwicklung keine unmittelbare Auswirkung auf das Geschäft der BMW AG hat, da es sich um bereits emittierte Aktien handelt, die im Laufe der Zeit nur den Besitzer wechseln zu unterschiedlichen Preisen, die wiederum von dem täglichen Angebot und der Nachfrage abhängen. Außerdem sollte er in Betracht ziehen, dass der Aktienkurs seit zwei Jahren schon um über 100% gestiegen ist. Sein Investment kam etwas zu spät, sagte ich. Als ich ihm erklärt habe, dass der starke Kursanstieg oder der Verlust nicht unmittelbar mit der Geschäftsentwicklung der BMW AG zusammenhängt, sondern eben auch von dem täglichen Angebot der

Aktien und der Nachfrage abhängt, war Herr Meier völlig im Arsch. Er hat die Welt nicht mehr verstanden.

Momos: Mensch Meier. Das ist schon krass. Er hat dann sicherlich gefragt, wie hoch die Dividendenrendite ist?

Daidalos: Natürlich. Ich sagte, dass es davon abhänge zu welchem Zeitpunkt man diese Rendite ausrechnen möchte, da täglich andere Kurse festgestellt werden. Als bei der diesjährigen Hauptversammlung beschlossen worden ist, dass die BMW AG 1,30 Euro je Aktie ausschüttet und man nimmt als Berechnungsgrundlage den Jahresschlusskurs 2010 von 58,85 Euro, macht das eine Dividendenrendite von rund 2,2%.

Momos: Ist dem Herr Meier bewusst, dass er beim Kauf von schon emittierten BMW Aktien dem Unternehmen keine neuen finanziellen Mittel bereitstellt? Also sein Kaufpreis in Höhe von 700.000 Euro für 10.000 BMW Aktien fließt an den Altaktionär, der an ihn verkauft hat und nicht an BMW.

Daidalos: Ich hoffe, er hat das verstanden.

Momos: Mich hat Frau Schmidt angerufen und mich gefragt, ob sie auf ihre portugiesischen Anleihen jetzt 10% Zinsen bekommt, weil im Fernsehen würden die Journalisten erzählen, dass die Zinsen für portugiesische Anleihen nun bei über 10% liegen.

Daidalos: Das ist eine wirklich tolle Frage. Ich falle gleich vom Stuhl.

Momos: Ich habe ihr erklärt, dass sie, wie in den Anleihebedingungen erklärt, einen Zins in Höhe von unverändert 4,95% erhält. Da der aktuelle Kurs der Anleihe bei 62% des Nominalbetrages notiert, würde jemand, der zu diesem neuen Kurs, die schon emittierte Anleihe von einem anderen Anleiheinhaber abkauft, eine Rendite von über 10% pro Jahr erwirtschaften, falls er die Anleihe bis zum Ende der Laufzeit hält. Am Ende der Laufzeit erhält er nämlich 100% des Nominalbetrages zurückgezahlt vom portugiesischen Staat, es sein denn Portugal geht pleite.

Daidalos: Frau Schmidt war bestimmt panisch, als sie gehört hat, dass ihre Anleihe nur noch 62% des Nominalbetrages wert ist. Sie hat schließlich ursprünglich 200.000 Euro in diese Anleihe investiert bei einem Kurs von 100%. Wenn sie jetzt verkauft, dann verliert sie 76.000 Euro. Sie sollte doch wissen, dass der Preis wie bei der Aktie von täglichen Angebot und der Nachfrage abhängt und keinen unmittelbaren Effekt auf Portugal besitzt, es sei denn Portugal emittiert neue Anleihen. Dann würde sich der Preis der neuen Anleihen an den Kursen der alten Anleihen orientieren. Aber selbst die Preisgestaltung der neuen Anleihe hängt von der dann vorhandenen Nachfrage und dem Angebot ab.

Momos: Sie hat heute Vormittag über die Börse verkauft. Hades bot ihr über die Börse Frankfurt 70% an. Dann hat sie verkauft mit 60.000 Euro Verlust.

Daidalos: Hades macht natürlich wieder ein gutes Geschäft. Ich bin mir sicher, Portugal geht nicht pleite. Staaten gehen sehr selten pleite. Staatspleiten haben zu viel negative Auswirkungen auf die benachbarten Volkswirtschaften. Deshalb versucht die EU und die EZB mit zusätzlichen Mitteln den Staat Portugal finanziell unter die Arme zu greifen.

Momos: Die Ratingagenturen haben die portugiesischen Anleihen trotzdem abgestuft genauso wie Anleihen aus Spanien, Italien und Griechenland.

Daidalos: Die Ratingagenturen nutzen ein von ihnen selbstentwickeltes Rendite-Risiko Modell und kategorisieren die Anleihen je nach Ausfallwahrscheinlichkeit. Viele Privatanleger wie Frau Schmidt haben ihr Geld in Fonds angelegt, die in portugiesische Anleihen investiert haben. Der Fondsvertrag weist daraufhin, dass keine Anleihen gehalten werden dürfen, die schlechter als die Note A bewertet sind. Da Portugal schlechter als A bewertet ist, versuchen die Fonds die Anleihen zu verkaufen. Hades kauft über seine Fonds die Anleihen wie von Frau Schmidt. Ich bin mir sicher, dass er die nächsten Jahre gut verdienen wird, da es zu keinem Ausfall kommen wird.

Momos: Die Ratingagenturen haben ein völlig undurchsichtiges und nicht nachvollziehbares Bewertungsverfahren entwickelt. Die Bedingungen der Fondsverträge von Millionen von Anlegern werden missbraucht zugunsten der Fonds von Hades.

Daidalos: So ist das Leben. Die einen werden reich und die anderen werden arm.

Momos: Ich habe einen großen Fonds aus der Golfregion in der Leitung. Er will seine Aktien von diesem Solarzellenhersteller verkaufen.

Daidalos: O.k. Ich versuche vorher noch ein paar Derivate auf diese Solar Firma an ein paar andere Fonds zu verkaufen. Wenn wir die Aktien dann anbieten, dann wird der Kurs schnell in den Keller fallen. Der Scheich hält tausende von diesen Aktien. Sag ihm der Verkaufsprozess kann etwas dauern.

Momos: O.k. Ich sag ihm, wir werden den Auftrag bestmöglich ausführen über die nächsten Wochen.

Daidalos: Genau. Ohne eine Kapitalspritze ist diese Solarfirma am Ende des Jahres bankrott. In der Zwischenzeit verkaufen wir ein paar Call Optionen, CFDs und Zertifikate auf diesen Basiswert an ein paar naive Investoren. Wenn wir dann die Aktien vom Scheich verkaufen, dann wird der Kurs tendenziell immer weiter fallen, weil niemand diesen Schrott kaufen möchte und unsere Derivate Positionen gewinnen an Wert. Die naiven Investoren schenken uns ihr Geld auf ganz legale Weise. Das ist doch super.

Momos: Klingt nach einer sicheren Wette.

Daidalos: Das ist wie im Casino. Die Bank gewinnt immer.

Momos: Der Scheich hat mit noch etwas ins Ohr geflüstert.

Daidalos: Was denn?

Momos: Er und ein paar Chinesen möchten bis spätestens Anfang September ein paar Hundert Millionen Euro in Dollar tauschen. Mit den Dollars wollen sie USD Anleihen kaufen.

Daidalos: Da ruf ich gleich den Wal aus London an. Bei der Transaktion lassen sich locker ein paar Millionen verdienen, indem wir jetzt vor dem Scheich und vor den Chinesen einige Termingeschäfte auf den Dollar abschließen.

Momos: O.k.

Daidalos: Super Tag heute. Ich liebe diese schnellen Spekulationsgewinne.

Telefongespräch zwischen Momos und Valerius über Tugend und Ethik

Frankfurt/Sylt am Sonntag, den 2. Januar 2012, um 15 Uhr. Valerius ruft Momos an und wünscht ihm ein frohes neues Jahr 2012. Momos nutzt die Gelegenheit und äußert seine Enttäuschung und seinen Zweifel an seinem Job bei der Goldberg AG.

Valerius: Hallo Momos! Ich wünsche dir ein frohes und glückliches neues Jahr 2012.

Momos: Danke. Ich wünsche dir auch eine frohes neues Jahr. Wie geht es dir?

Valerius: Danke. Mir geht es gut. Ich habe die Silvesternacht mit meiner Familie auf Sylt verbracht. Es war ein schöner Tag. Weißt du noch, wie wir auf Sylt über die Kapitalmärkte philosophiert haben?

Momos: Freut mich zu hören. Ich habe Silvester im Büro gefeiert. Unser Gespräch bleibt mir natürlich in sehr guter Erinnerung. Du hast mir gesagt, dass das Leben nicht nur aus Fonds und Börsenhandel besteht. Ich sollte neugierig bleiben, meinen Horizont erweitern und mir ein paar Hobbys zulegen und gelegentlich den Computer und den Blackberry ausschalten. Ich sollte mich mit anderen Menschen treffen, also am gesellschaftlichen Leben teilnehmen.

Valaerius: Genau. Hast du meinen Rat befolgt?

Momos: Im Rahmen meiner Möglichkeiten. Ich hatte bisher sehr viel zu tun.

Valerius: Du musst disziplinierter werden. Du arbeitest dich sonst zu Tode. Aber weißt du, was ich dir noch gesagt habe?

Momos: Du sagtest, dass Geld zum guten Leben natürlich dazu gehöre, aber Geld kein Selbstzweck sei. Viel wichtiger als Geld sei meine Gesundheit, meine beruflichen Aufgaben, meine Freizeit und die Wertschätzung, die ich von meinen Mitmenschen erhalte. Du meintest, wenn ich mit den richtigen Leuten zusammenarbeiten würde, dann würde sich mein Engagement mehrfach auszahlen in sowohl finanzieller als auch nicht finanzieller Hinsicht. Ich sollte etwas aus meinem Leben machen, denn die Zeit gehe schneller vorbei als ich mir das vorstellen könnte.

Valerius: Ist dir bewusst, dass du eine Work-Life Balance in deinem Leben finden musst?

Momos: Ja. Ich habe offensichtlich Schwierigkeiten.

Valerius: Was habe ich noch gesagt?

Momos: Ich sollte eine liebenswerte Frau finden und eine Familie gründen.

Valerius: Ja das auch. Bloß eine liebenswerte Frau zu finden ist nicht ganz so einfach. Und für eine glückliche Partnerschaft gibt es kein Erfolgsrezept. Glaub mir, ich weiß wovon ich rede. Aber wenn du eine liebenswerte Frau findest, die zu dir passt, dann kannst du dich wirklich glücklich schätzen. Aber was habe ich dir noch gesagt?

Momos: Gibt es überhaupt ein Erfolgsrezept für unser Leben?

Valerius: Nein. Es gibt kein Erfolgsrezept, dass für jedermann anwendbar ist. Glück und Erfolg ist eine individuelle Angelegenheit. Ich versuche dir nur ein paar Gemeinsamkeiten von glücklichen und erfolgreichen Menschen aufzuzeigen. Meine moralische Absicht ist dir zu helfen, das richtiges Maß im Leben zu finden. Aber was habe ich dir noch gesagt?

Momos: Du sagtest, dass es noch viel mehr im Leben gebe.

Valerius: Korrekt. Das ist der springende Punkt. Es gibt noch viel mehr im Leben, was uns glücklich macht.

Momos: Wie finde ich heraus, was es ist, was uns glücklich macht?

Valerius: Die leitende Idee ist der Begriff der Tugend. Die höchste Glückseligkeit erreicht man durch die Tugend der Weisheit.

Momos: Wie werde ich weise?

Valerius: Du musst dir deine Lebenshaltung veranschaulichen, indem du deine Lebenshaltung reflektierst gegenüber einem Idealbild.

Momos: Was ist das Idealbild?

Valerius: Das Idealbild herauszufinden: Das ist die wahre Kunst des Lebens.

Momos: Wo muss ich anfangen?

Valerius: Du solltest anfangen zu philosophieren. Greif ein paar Ideen von Sokrates, Platon oder Aristoteles auf und beginne über dich und die Welt nachzudenken. Zwischen Sokrates und den Philosophen der heutigen Zeit gibt es ein paar interessante Vorstellungen über das gute Leben. Die letzten 2.500 Jahre in der Geschichte der Philosophie sind wirklich beeindruckend und lesenswert. Stell dir mal vor, wie privilegiert du bist, auf 2.500 Jahre dokumentierte Geschichte der Philosophie zurückzugreifen. Los, fang an!

Momos: Du hast Recht. Ich hatte schon immer ein Interesse für Philosophie. Während meines Studiums an der Universität folgte ich schon einigen Philosophie Vorlesungen. Ich habe es nicht bereut. Ich sollte mein philosophisches Interesse weiter ausbauen.

Valerius: Folge deinem Interesse. Welche philosophische Disziplin interessiert dich am meisten?

Momos: Die Sozialphilosophie gehört zweifelsfrei zu meinen Favoriten. Aber jeder, der mit der Sozialphilosophie anfängt, der weiß, dass es interdisziplinäre Anstrengungen erfordert das Wesen der Sozialphilosophie zu durchdringen.

Valerius: Auf jeden Fall sind interdisziplinäre Anstrengungen gefordert. Ein fächerübergreifendes Philosophieren und Studieren und es praktisch zu leben, ist genau den Anspruch, den ich an dich stellen möchte, damit du dich zur Weisheit entwickeln kannst. Vergiss aber nicht, dass der Philosophie auch Grenzen gesetzt sind. Verzweifele nicht an transzendenten Fragestellungen, sondern begnüge dich mit Disziplinen, die deinen Verstand nicht überfordern. Das bedeutet nicht, schwierigen Fragestellungen aus dem Weg zu gehen, aber es ist eine Aufforderung Grenzen zu akzeptieren. Du kannst nicht allwissend sein und führe dich auch nicht als allwissend auf. Bleibe authentisch und glänze mit Integrität.

Momos: Wie weise bist du, Valerius?

Valerius: Ich kann das nicht selbst beurteilen. Meine Mitmenschen sollen beurteilen, ob ich ein guter und gerechter Mann bin oder nicht. Auf jeden Fall bemühe ich mich gut und gerecht zu sein.

Momos: Wenn ich nun über deine Worte so nachdenke, dann muss ich gestehen, dass ich mit meiner gegenwärtigen beruflichen und privaten Situation komplett unzufrieden bin.

Valerius: Was ist das, was dich so unzufrieden macht?

Momos: Ich fühle mich entführt von Mammon in eine rücksichtslose Finanzwelt. Meine beruflichen Aufgaben fühlen sich so sinnlos an! Ich habe den Eindruck, ich mache tagtäglich etwas falsch. Gerade das zunehmend passive Management von Investmentvermögen, lässt mich zweifeln. Erfolgreiche Investitionen auf Rendite und Risiko zu reduzieren, scheint mir moralisch verwerflich zu sein.

Valerius: Es ist in der Tat eine bedenkliche Entwicklung. Der Wille zur Profitmaximierung und das Streben nach immer größerem Wirtschaftswachstum kommt nun an seine Grenzen. Du erkennst das Falsche an. Du denkst über deine Handlungen nach. Damit bist du anderen Menschen schon weit voraus. Denkst du auch über Alternativen nach?

Momos: Ich denke darüber nach, meinen Arbeitgeber zu wechseln oder auch eine eigene Firma zu gründen. Aber dann denke ich mir, dass es vielleicht nicht so klug sei nach nur so kurzer Zeit seinen Arbeitgeber zu wechseln.

Valerius: Warum ist es nicht klug seinen Arbeitgeber zu wechseln?

Momos: Man könnte mir vorwerfen, ich hätte kein Durchhaltevermögen, ich sei nicht stressresistent und überhaupt ist mein Lebenslauf irgendwie durcheinander. Es scheint mir nicht karrierefördernd zu sein.

Valerius: Das ist doch Quatsch. Du musst bei einem Arbeitgeber nicht hundert Jahre beschäftigt sein, um zu erkennen, dass die Firma völlig scheiße ist. Solange du gute Gründe für einen Wechsel hast, ist ein Wechsel eher karrierefördernd als karrierehemmend. Aber wie gesagt, es gibt kein mustergültiges Erfolgsrezept und eine steile Karriere ist nicht alles im Leben. Manchmal musst du auch einen Schritt zurückgehen, damit du später fünf Schritte nach vorne gehen kannst. Sei vernünftig und lass dich nicht entführen von dem Mammon. Befreie dich. Bleib tapfer und fleißig. Du hast bestimmt noch andere Gründe, warum du die Goldberg AG verlassen möchtest, oder?

Momos: Ich habe den Eindruck, dass in der Goldberg AG so viel Inkompetenz versteckt ist. Ich meine, ich habe noch Glück mit jemanden zusammmen zu arbeiten, der etwas von seinem Fach versteht, obwohl er manchmal etwas komische Moralvorstellungen äußert. Aber es gibt so viele Idioten im Management, die Aufgaben nur noch delegieren, weil sie selbst überhaupt keine Ahnung von ihrer Rolle und ihrem Job haben.

Valerius: Es gab schon immer Schafe und Hirten. Du musst die Tatsache gelassen annehmen, dass manche Hirten eigentlich nur Schafe sind und in einigen Schafen steckt mehr ein Hirte als ein Schaf. Diejenigen die sich als Hirte bezeichnen und in Wahrheit nur ihre Inkompetenz verstecken, werden früher oder später das Nachsehen haben. Was stört dich noch an deinem Arbeitgeber?

Momos: Mich stört die Vergütungsstruktur. Die Erträge der Bank werden extrem ungleich verteilt. Und die Arbeitszeiten erlauben keine sinnvolle Freizeitplanung. Für Freunde, für Hobbys oder die Familie bleibt doch kaum Zeit. Private Angelegenheiten immer nur in den Abendstunden oder am Wochenende zu erledigen, löst eine extreme Frustration bei mir aus.

Valerius: Das kann ich nachvollziehen. In Zeiten von Mobilfunk und dem Internet sind unflexible Arbeitszeiten nicht mehr zeitgemäß. Durch den Einsatz von modernen Computer- und Robotertechnologien ist auch am Festhalten an dem Konzept der 40 Stunden Woche zu zweifeln. Die heutige Managergeneration sind jedoch mit den alten Konzepten aufgewachsen und sie haben sich daran gewöhnt. Ich würde alternative Konzepte vorschlagen wollen. Hast du bei deinen Vorgesetzten mal gefragt, ob mehr Flexibilität möglich ist?

Momos: Ich wurde ausgelacht. Außerdem arbeite ich doch viel mehr als 40 Stunden pro Woche. Vorbereitungs- und Nachbereitungszeiten sind nicht mit inbegriffen. Ich arbeite mindestens 60 Stunden pro Woche. Valerius, um eines klar zu stellen: Ich habe kein Problem damit lange zu arbeiten, aber ich habe ein Problem meine Zeit absitzen zu müssen, obwohl ich immer versuche effizient zu arbeiten. Unter Leistungsgerechtigkeit stelle ich mir etwas Anderes vor. Die Währung Zeit wird überhaupt nicht wertgeschätzt. Wenn ich Zeit durch effizientes Arbeiten gewinne, dann wird von mir nur noch mehr Arbeit in der selben Zeitspanne erwartet. Ich soll jedes Jahr mehr Umsatz und mehr Gewinn erwirtschaften. Es regiert die absolute Maßlosigkeit. Und meine Vorgesetzten besitzen noch die Frechheit meine Leistung sich selbst zuzuschreiben, indem sie den erwirtschafteten Mehrwert ausschließlich an sich selbst und die Aktionäre auszuschütten.

Valerius: Der Verlust der Tugend stellt aus kulturkritischer Perspektive eine moralische Krise der Gegenwart fest.

Momos: Weißt du, was wirklich der absolute Höhepunkt ist?

Valerius: Hast du noch einen Punkt?

Momos: Die Goldberg Investmentbank AG tut so, als ob sie mit ihren Corporate Social Responsibility Programmen die Welt verbessern möchte. In Wirklichkeit ist das ein moderner Ablasshandel. Auf der einen Seite zerstören sie mit ihren Investitionen das Gemeinwohl und auf der anderen Seite spenden sie einen Bruchteil ihrer Profite an die Opfer zur Wiedergutmachung. Das ist echt pervers. Die Idee des CSR wird völlig missbraucht.

Valerius: Noch einen Punkt?

Momos: Ich verstehe nicht, warum unser Vorstand noch so viele andere Mandate als Vorstand und Aufsichtsrat in so vielen anderen Unternehmen ausführen kann. In der Goldberg AG gebe es genug zu tun.

Valerius: Midas, Hades und Krösus sind habgierig. Bedauerlicherweise beruhen die multiplen Anstellungsverträge auf einer extremen Vetternwirtschaft in der Personalentwicklung und der Personalberatung. Solange die Zahlen stimmen, kümmert es eh niemanden, wie viele Anstellungsverträge ein Vorstands- oder Aufsichtsratsmitglied besitzt. Traurig aber wahr. Solange man nicht die Kontrollmehrheit über das Unternehmen hält, kann man das Treiben dieser Herrschaften nicht unterbinden. Das ist ein absoluter Machtkampf.

Momos: Die Zahlen stimmen, weil viele junge Talente ausgequetscht werden wie eine Zitrone. Und dann zeigen sich Symptome einer neuen Stress Krankheit: Burnout.

Valerius: Du hast doch genug gute Gründe um deinen Arbeitgeber zu wechseln. Du brauchst dir überhaupt keine Sorgen zu machen. Reich deine Bewerbung in der Zwischenzeit bei deinen Wunscharbeitgebern ein und du wirst sehen, du wirst deine Chance früh genug bekommen. Die Goldberg AG wird es irgendwann bereuen so ein Talent wie dich verloren zu haben.

Momos: Vermutlich beginne ich ein Buch über diese verrückte Finanzwelt zu schreiben. Irgendwie muss ich diesen Wahnsinn ja kompensieren.

Valerius: Das ist eine gute Idee. Das haben andere große Philosophen vor dir auch schon gemacht. Vielleicht wird es auch ein Beststeller und du motivierst ein Dutzend Gleichgesinnter eine kulturelle Revolution auszulösen.

Momos: Wann sehen wir uns wieder?

Valerius: Ich glaube, wir sehen uns bald wieder. Vielleicht fängst du irgendwann an wieder für mich zu arbeiten. Ich habe nämlich bald wieder ein paar Geschäfte am Laufen. Ich muss jetzt auflegen. Ich muss meinen Sohn vom Fußballspielen abholen.

Momos: O.k. Ich stehe zur Verfügung. Bis bald und vielen Dank für deinen Anruf.

Valerius: Bis bald. Tschüss.

Dinner mit Momos, Midas und Mammon

Frankfurt am Mittwoch, den 11. Januar 2012, um 20 Uhr. In einem Frankfurter Nobelrestaurant treffen sich Midas und Momos zum Abendessen. Sie reden über die geschäftlichen Entwicklungen, bevor die Situation eskaliert.

Midas: Momos, wie geht es dir?

Momos: Gut. Ich hatte gerade noch etwas zu tun im Büro, aber so weit so gut.

Midas: Dein Einsatz und dein Engagement gefällt mir. Daidalos hat mir gesagt, du machst einen sehr guten Job.

Momos: Ich gebe mein Bestes.

Midas: Die Goldberg AG ist auf einem sehr guten Kurs. Redrock hat mir mitgeteilt, dass sie noch mehr Geld in uns investieren werden. Das ETF Business boomt. Das verwaltete Vermögen wird sich dieses Jahr bestimmt verdoppeln oder verdreifachen.

Momos: Vielleicht übernimmt uns Redrock irgendwann komplett?

Midas: Zum Ende des Jahres schaue ich mir immer ganz genau das Aktionärsregister an. Redrock hält 35%. Das Management, also ich Krösus und Hades besitzen fast 10%. Der Rest sind Streubesitz. Naja 3% der Anteile hält irgend so ein Investor namens Valerius Global Opportunities SICAV I. Ich kann mir vorstellen, dass Redrock uns irgendwann übernimmt, aber meinen Anteil verkaufe ich nur für einen entsprechend guten Preis. Nach wie vor sehe ich extrem viel Potential in diesem Unternehmen.

Momos: Ich habe in der Zeitung gelesen, dass du eine schöne Abfindung für deine letzte Tätigkeit als Vorstand bei einem Turbinenhersteller erhalten hast.

Midas: Ich habe 31 Millionen Dollar erhalten für dieses kurze Intermezzo mit diesem Unternehmen. Krösus hat meine Anstellung hervorragend vermittelt. In meinem Arbeitsvertrag wurde mir nämlich zugesichert, dass ich im Falle einer Übernahme des Unternehmens eine Ausstiegsklausel mit entsprechenden Bonus besitze. Der Käufer musste diesen Betrag also zusätzlich im Kaufpreis von 900 Millionen Dollar einkalkulieren. Ich war dort weniger als 9 Monate aktiv. Pro Monat habe ich also mehr als 3 Millionen Dollar verdient. Ist das nicht großartig?

Momos: Was war deine Aufgabe?

Midas: Was man als Vorstand eben so macht. Schauen, dass die Zahlen stimmen. Ich war wie ein Maulwurf für Krösus. Ich musste überprüfen, wie viel das Unternehmen wirklich wert sein kann. In den letzten 40 Jahren hat dieser Turbinenhersteller sehr gut gewirtschaftet. Schöne Immobilien und Maschinenanlagen sowie super Umsätze mit tollen Wachstumsperspektiven und fast gar keine Schulden. Und nicht zu vergessen, hatte dieses Unternehmen lukrative Beteiligungen weltweit. Die Erben des Unternehmens hatten nur leider überhaupt keine Ahnung von Unternehmensführung. Dann bin ich von Krösus vermittelt worden. Der neue Eigentümer Redstone wird das Unternehmen jetzt ausschlachten, refinanzieren und weiter verkaufen für bestimmt den doppelten Preis. Redstone könnte bei diesem Deal fast 1 Mrd. Dollar Gewinn erwirtschaften. Kannst du dir das vorstellen? Natürlich kosten die Anwälte, die Banker und die Steuerberater und Notare noch ein wenig Geld, aber Redstone bleiben mindestens 500 Millionen Dollar als Gewinn. Der Miteigentümer und Gründer von Redstone wird sich dieses Jahr wohl eine Dividende in Höhe von 100 Millionen Dollar leisten. Ich meine, mein Anteil in Höhe von 31 Millionen Dollar an diesem Deal sind doch fair oder nicht? Mit Hades, Krösus und meinem Rechtsanwalt treffe ich mich dann zum Pokern auf den Bahamas. Buy-In für jeden Teilnehmer sind 10 Millionen Dollar. Ich werde mich besaufen und meine drei Mitspieler werden sich den Betrag steuerfrei aufteilen. Vom Rest des Geldes kaufe ich mir ein neues Boot.

Momos: Woher nimmt Redstone soviel Geld für den Kauf dieser Firmen?

Midas: Redstone zählt viele Anleger. Aber Banken geben für diese Transaktionen auch großzügige Kreditlinien. Redstone hat seit seiner Gründung einen beeindruckenden Track Record hingelegt. Das ist wie im Monopoly: Wenn du mal ein paar Straßen und Häuser besitzt, dann bist du so reich, dass du immer mehr kaufen kannst. Mit den Krediten von den Banken kannst du dann noch mehr kaufen. Irgendwann kennst du keine Limits mehr. Die Welt gehört dir. Du bist ein Master of the Universe.

Momos: Hast du kein schlechtes Gewissen, dass der Turbinenhersteller und seine Mitarbeiter ihre qualitativ gute Marktstellung und vielleicht sogar ihre Jobs verlieren, wenn das Unternehmen durch diese Misswirtschaft in Schieflage gerät?

Midas: Ich bin mir sogar ziemlich sicher, dass das Unternehmen Pleite gehen wird. Sie werden das Unternehmen stark verschulden bis das Unternehmen seine Zinslast nicht mehr bedienen kann. Vorher verkaufen sie das Unternehmen an gutgläubige Investoren. Und dann wird das Unternehmen liquidiert werden müssen wegen Zahlungsunfähigkeit. Die Gläubiger werden wie Geier über die Firma herfallen und die produzierten Überschüsse der gesamten Belegschaft pfänden. Und wenn sie nicht sofort liquidieren können, dann verbriefen sie ihre Forderungen und verkaufen sie an irgendwelche risikolustigen Investoren. Die Arbeiter müssen dann zum Mitbewerber in der Branche wandern oder sie lassen sich eben umschulen. Das ist doch alles kein Problem. Ist die eine Blase geplatzt, blasen wir die nächste Blase wieder auf. Wir wandern von einer Krise in die nächste Krise und verdienen dabei sehr viel Geld. Wie viel verdienst du eigentlich so?

Momos: Ich glaube ich bin so ziemlich im Durchschnitt und du verdienst etwa 70-mal mehr wie ich bei der Goldberg AG.

Midas: Wenn ich alle meine Anstellungsverträge zusammenzähle, müsste ich dann wahrscheinlich 700-mal soviel verdienen wie du. Wenn ich meine Boni noch dazu rechne, dann müsste mein Gehalt eigentlich noch höher liegen. Meine Kapital- und Mieteinkünfte sind in der Berechnung noch nicht berücksichtigt. Wenn ich so weitermache, dann bin ich bald auf der Forbes Liste zu finden. Das ist ein langer steiniger Weg auf den Olymp. Aber du bist auf dem Weg. Lass dich nicht entmutigen.

Momos: Bekomme ich denn einen Bonus für das letzte Geschäftsjahr?

Midas: Nein. Das letzte Jahr war nicht gut genug. Niemand bekommt einen Bonus in der Goldberg AG. Vielleicht dieses Jahr oder nächstes Jahr. Die Kredite von Redrock tragen hohe Zinsen. Das Geld müssen wir erst für Redrock verdienen. Dann kommt der Vorstand und dann kommt der Rest der Mannschaft.

Momos: Was passiert, wenn ich mich ungerecht behandelt fühle?

Midas: Dann muss ich schauen, ob dein Gefühl begründet ist. Ich glaube, dass dein Gehalt den Markt widerspiegelt und du im guten Durchschnitt bist. Wenn ich mich mit meinen amerikanischen Kollegen vergleiche, ist mein Gehalt noch sehr gering. Ich hätte einen Grund mich ungerecht behandelt zu fühlen, aber doch nicht du, Momos.

Momos: Ich glaube die USA sind kein gutes Vorbild. Dort gibt es doch keine richtige Mittelschicht und wirklich alles trägt einen Preis, damit man es zur Ware machen kann.

Midas: Das ist doch toll. Dann weiß wenigstens jeder, wie viel wert er ist. Du diskontierst die Cashflows ab und erhältst einen Barwert. Ich habe deinen Barwert auch ausgerechnet und im Moment spiegelt dein Gehalt deinen Barwert wieder.

Momos: Mit welchen Zins wurde ich denn diskontiert?

Midas: Euribor + 350%. Also aktuell über 351%.

Momos: Warum so ein hoher Zins?

Midas: Ein niedrigerer Zins erhöht deinen Barwert. Dann hättest du ja wirklich einen Grund dich zu beschweren und du könntest ein höheres Gehalt fordern. Aber das möchte ich doch nicht. Ich möchte schlanke Kostenstrukturen.

Momos: Ich wohne in einer kleinen Mietwohnung mit einer unverhältnismäßig hohen Miete, die mir Redstone regelmäßig in Rechnung stellt und ich zahle überteuerte Leasingraten an Hades, der als Leasinggeber jede Menge Geld verlangt, für den kleinen Firmenwagen. Außerdem zahle ich einen Studienkredit an eine Bank zurück, die trotz niedrigem Zinsumfeld mehr als 8% Zinsen verlangt. Ein Urlaub am Ende des Jahres kann ich mir kaum leisten. Seitdem ich jetzt bei dem Lieferdienst bestellen muss, weil die Mikrowellen in unserem alten Bistro abgeschafft worden sind, verringert sich mein frei verfügbares Budget nochmal. Ich werde mit soviel Arbeit zugeschüttet, bin ständig erreichbar, verzichte auf jede Menge Freizeit. Ich besitze keine Freizeit mehr. Ich kann kaum schlafen und ich bekomme schon Alpträume. Dann denken noch alle Leute, dass ich soviel Geld verdienen würde, weil das alle Investmentbanker und Händler tun und bei den hohen Firmenumsätzen scheint das doch auch selbstverständlich zu sein. Was soll ich dazu noch sagen?

Midas: Du kannst den Leuten sagen, dass nicht alle Investmentbanker soviel Geld verdienen. Was träumst du denn?

Momos: Ich träume wie ich von einem Hochhaus falle und in eine große Tiefe stürze. Um mich herum stürzen noch viele andere Menschen in die Tiefe. Doch ein paar Menschen tragen diese goldenen Fallschirme. Nur ich nicht. Ich werde total wahnsinnig.

Midas: Das Menschen ohne Fallschirm aus dem Fenster springen, das passiert immer wieder. Das nimmt die nächsten Jahre bestimmt noch zu. Krösus investiert viel in die Produktion von goldenen Fallschirmen. Er macht ein sehr gutes Geschäft damit.

Momos: Warum arbeiten eigentlich so viele Praktiken bei uns und warum arbeiten die so lange bis spät in die Nacht? Die müssen doch noch studieren neben ihrem Job.

Midas: Praktikanten sind günstige Arbeitskräfte. Die Nachtschichten sind doch freiwillig, aber manchmal da brauche ich eben schnell eine Präsentation und dann macht das ein Praktikant für mich. Die Studenten schlafen doch eh alle in der Vorlesung. Nachts wird im Büro gearbeitet und morgens in der Uni geschlafen. Wenigstens gibt es ein paar Studenten, die noch bei uns arbeiten wollen. Diese Faulpelze.

Momos: Keiner von den Berufsanfängern wird von der Goldberg AG irgendwie auf den Beruf und seine Tätigkeiten systematisch vorbereitet und weiterentwickelt. Häufig gibt es dafür keine Budgets, obwohl wir hunderte von Millionen umsetzen. Warum nicht?

Midas: Learning by Doing. Den Lehrauftrag besitzt die Universität. Wir schließen Arbeitsverträge und keine Lehrverträge mit den Praktikanten.

Momos: Diese jungen Leute werden von der Goldberg AG nur ausgenutzt. Wenn jemand mal eine gute Leistung zeigt, dann wird er oder sie nicht einmal richtig wertgeschätzt. Es gibt keine Wertschätzung und keinen Respekt vor der Würde der Menschen. Die Work-Life Balance wird komplett zerstört.

Midas: Wertschätzung ist Euribor plus 350%. Für viele Praktikanten zahle ich sogar mehr als sie eigentlich wert sind. Die Würde des Menschen ist doch nur eine Illusion.

Momos: Geld ist eine Illusion. Es ist der Glaube an ein Mittel, das die Menschen immer zur Arbeit motivieren soll. Was passiert, wenn der Euro oder der Dollar nicht mehr das Maß aller Dinge ist? Was passiert, wenn die Finanzeliten die arbeitenden Klassen mit Geld nicht mehr motivieren können?

Midas: Das wird nicht passieren, weil Geld ist und bleibt das Maß aller Dinge.

Momos: Was passiert, wenn die Menschen ihre Freizeit mehr als Geld schätzen? Was passiert, wenn Menschen lieber auf dem Land, als in der Stadt arbeiten wollen? Was passiert, wenn Menschen nicht mehr mit uns zusammenarbeiten wollen? Was passiert, wenn die Menschen mit dem gesellschaftlichen, politischen und wirtschaftlichen Leben nicht mehr zufrieden sind? Was passiert, wenn jemand die Stimmrechte seiner Aktien wirklich benutzt?

Midas: Jeder kann entscheiden wie und wann er seine Stimmrechte einsetzen will, aber das Leben ist kein Wunschkonzert. Das Leben ist voller Zwänge. Der Zwang Geld verdienen zu müssen ist traurig, aber wahr. Schulden zu verwalten und neue Schulden entstehen zu lassen, ist heutzutage eine lukrative Verdienstmöglichkeit. Und du Momos, steckst mitten drin.

Momos: Ich habe es schon bei unseren letzten Meetings erwähnt. Das Problem ist doch nicht das Geld verdienen an sich. Es ist auch kein Problem viel Geld zu verdienen. Aber es ist ein Problem, wenn wir keine Rücksicht nehmen auf soziale und ökologische Auswirkungen unserer Investitionen. Es geht nicht nur um Risiko und Rendite im Leben. Es geht um die Lebensqualität unserer und nachfolgender Generationen.

Midas: Ich erzähl dir mal was. Mein Großvater war Schiffskapitän und Fischer auf dem Aralsee in Kasachstan. Irgendwann in den 60er Jahren des letzten Jahrhunderts waren bestimmte Entscheidungsträger aus der Politik und der Wirtschaft der Meinung, das Wasser aus dem See und den angrenzenden Flüssen für die Bewässerung riesiger Baumwollplantagen zu verwenden. Der See wurde in den darauffolgenden Jahrzehnten komplett ausgetrocknet und die gesamte Flora und Fauna in diesem Gebiet verwandelte sich in eine riesige Wüste. Lebensgrundlagen wurden zerstört und viele Menschen flüchteten in die Städte auf der Suche nach Arbeit und neuen Perspektiven. Und warum verließen sie das Land? Man konnte auf dem Land oder auf der See kein Geld mehr verdienen. Mein Großvater blieb hoffnungslos auf dem Land zurück, verarmte, wurde zum Alkoholiker und starb noch vor dem Ende dieses riesigen Sozialexperiments namens Sowjetunion. Zum Glück war mein Vater so vorausschauend und startete seine berufliche Karriere in der Öl- und Gas Industrie.

Wäre mein Vater nicht so geldfixiert gewesen und bei meinem Großvater geblieben, dann hätten sie sich gemeinsam in den Tod saufen können.

Momos: Diese Geschichte zeigt doch sehr gut, dass die Investitionsentscheidung zum Ausbau der Baumwollindustrie signifikante Auswirkungen auf das ökologische Gleichgewicht und das gesellschaftliche Leben hatten. Der Aralsee wurde ausgetrocknet zu Gunsten einer vorübergehend blühenden Baumwollindustrie. Ich möchte eben betonen, das Investitionsentscheidungen signifikante Auswirkungen auf unser gesamtes Leben haben können und das sowohl in quantitativer als auch qualitativer Hinsicht. Man könnte einwenden, dass nur der Kommunismus und die Planwirtschaft der Sowjetunion diese wirtschaftlich riskanten Entscheidungen möglich machen konnten, aber die freie Marktwirtschaft und der vorherrschende Kapitalismus erzeugen heutzutage genauso wirtschaftlich riskante Entscheidungen wie zum Beispiel der Ausbau der Ölsandindustrie, das Fracking und die Förderung von Erdöl an Orten, die das ökologische Gleichgewicht massiv bedrohen. Wir starten Explorationsunternehmungen in die Arktis oder der Tiefsee, damit wir das schwarze Gold in die Wirtschaft tanken können. Nur damit die Wirtschaft in finanzieller Hinsicht weiter wächst. Der Finanzmarkt finanziert selbst Explorationsunternehmungen an der Küste von den kanarischen Inseln. Es ist noch ein Ort, an dem man gewöhnlich Urlaub macht in der wunderschönen Natur zum menschlichen Wohlergehen. Die privaten und öffentlichen Anstrengungen im Bereich der erneuerbaren Energien sind im Vergleich zu konventionellen Energieträgern einfach nur lächerlich. Das Recycling, der Erhalt der Biodiversität und der Schutz von Arbeitnehmerrechten vor Ausbeutung wird zu wenig Rechnung getragen.

Milliarden Gewinne fließen in die Sammlungen von Superreichen, die so tun als würden sie ihr eigenes Geld verwalten. Dabei ist es das Geld der Allgemeinheit: Die Währungen der Welt sind unsere gemeinsamen Schuldeingeständnisse für eine bessere Welt. Doch die heutigen Vermögensverwalter missbrauchen die Schuldeingeständnisse der gesamten Welt für ihre egozentrischen Kapitalakkumulationen und fördern die Vernichtung einer lebenswerten Kultur. Wir haben uns einem Dämon namens Mammon unterworfen. Wir sind gefangen in unserer selbstverschuldeten Unmündigkeit und warten auf den Messias, der uns endlich von dem Bösen erlöst, obwohl das moderne Böse so offensichtlich banal jeden Tag erlebt werden kann: Wir unterlassen die Berücksichtigung sozialer und ökologischer Aspekte bei unseren Investitionsentscheidungen und so liefern wir uns dem Casino Kapitalismus jeden Tag wehrlos aus.

Midas: Das ist halt so. Da musst du dich anpassen!

Momos: Ich werde mich nie in meinem Leben an ein krankes System anpassen. Lieber möchte ich die noch gesunden Menschen da draußen davor bewahren von diesem Virus des Mammon erfasst zu werden. Wir brauchen Finanzprodukte, die einen aktiven Beitrag leisten für eine bessere und gerechtere Welt. Der Siegeszug der ETFs, diese passiven Indexfonds, spiegeln bedauerlicherweise nur dieses moderne Böse wieder. Es geht nur um Rendite und um Wachstum um jeden Preis. Und von wem wird das Geld verwaltet? Von so Leuten wie dir, die diese arrogante Gleichgültigkeit besitzen.

Midas: Richtig, aber viele andere Finanzprodukte sind doch auch für den Arsch. Die Umwelt und die sozialen Aspekte spielen für mich keine Rolle. Für Hades und Krösus ist das auch nicht der Rede wert. Für mich zählt Rendite und wenn du eine bessere Work-Life Balance suchst, dann kauf dir ein Hund. Familie und Freunde bedeuten mir ein Dreck. Einen Vater habe ich sowieso nie gehabt. Auf die Steuerehrlichkeit scheiße ich. Der Staat bin ich. Wenn du für das Unternehmen Goldberg nicht mehr arbeiten willst, dann sag mir Bescheid.

Momos: Midas, gründe doch mal deinen eigenen Staat und deine eigene Währung, den Midas Dollar. Ich bin gespannt mit wem du so zusammenarbeiten wirst, wenn du auf die Würde der Menschen scheißt und dir eine lebenswerte Kultur völlig egal ist. Hier hast du noch deine Coupons für den Junk Food Lieferdienst ins Büro. Steiger doch mal ein paar Renditen für Hades. Diesen Shitberry kannst du auch behalten. Und wenn du es vielleicht vergessen hast: Ein Königreich regiert man vielleicht allein, aber ein Imperium regiert man mit Freunden und Verbündeten.

Midas: Was willst du jetzt machen?

Momos: Ich kündige.

Midas: Bis zum Ende deiner Kündigungsfrist kannst du auch zu Hause bleiben. Ich brauch dich nicht mehr. Ich wünschte, ich hätte einen Credit Default Swap auf dich abgeschlossen. Viel besser: Ich hätte dich verbriefen und verkaufen sollen, du verdammtes Arschloch.

Momos: Ich wünschte mir, dass so Leute wie du, nicht so hoch bezahlt wären und du nicht so viele Vorstands- und

Aufsichtsratspositionen innehast, damit du nicht deine erbärmlichen Lebensgewohnheiten in der Welt verbreiten kannst. Vielleicht kommt bald die Zeit, wenn die Stakeholder mal hinterfragen, wem sie das Vertrauen schenken. Ich hoffe, dass du bald nicht mehr dazu gehörst.

Midas: Ich bleibe und niemand kann mich zwingen meinen Anteil an dieser Firma zu verkaufen. Aus dieser Firma mache ich die größte Fondsgesellschaft aller Zeiten. Mit oder ohne dich, Momos. Du wirst deinen Abgang noch bereuen.

Momos: Meinen Abgang werde ich sicherlich nicht bereuen. Integrität hat für mich keinen Preis. Integrität und einen ehrbaren Verhaltenskodex besitzen für mich einen unbezahlbaren moralischen Wert. Nach meinem Urlaub komme ich ins Büro und reiche die Kündigung ein. Auf wiedersehen.

3. Der Kampf zwischen Momos und Mammon und der Goldberg Investmentbank AG

Momos beklagt die schlechte Moraleinstellung in der Goldberg AG und kündigt seinen Job. In Luxemburg sieht sich Momos mit Valerius wieder und gemeinsam planen sie eine verbale Attacke auf der Hauptversammlung der Goldberg AG. Später ist Valerius fest entschlossen eine neue Fonds Gruppe zu gründen und ein neues Investmentzeitalter einzuleiten: Impact Investing mit MomosFunds.

Die Abrechnung mit der Goldberg AG

Frankfurt am Montag, den 12. März 2012, um 8:30 Uhr. Momos beklagt die schlechte Moraleinstellung in der Goldberg AG und kündigt seinen Job.

Midas: Momos, was führt dich zu uns? Wie du weißt, gibt es keinen Platz mehr für dich auf dem Olymp.

Momos: Ich habe versprochen, dass ich wiederkomme.

Midas: Ich dachte, du wolltest kündigen? Dein Verhalten missfällt uns. Deine Kritik an uns war unverschämt und ungerechtfertigt. Dein willkürlicher Zynismus, deine übertriebene Arroganz und deine Missachtung unserer Hierarchien haben uns dazu bewogen, dich vom Olymp zu werfen. Deshalb werden wir dich kündigen.

Momos: Ich gebe zu, dass meine Kritik nicht immer fair war, aber dafür war sie ehrlich. Meiner Meinung nach ist diese Kritik auch gerechtfertigt gewesen. Ihr konntet die Kritik nur nicht verstehen, weil ihr keine Sitten und keine Moral mehr besitzt und außerdem jedes rechte Maß verloren habt. Ihr besitzt keine Vorstellung davon was Gut und was Böse ist. Deswegen bin ich auch sehr erstaunt darüber, dass ihr mir Zynismus, Arroganz und Unhöflichkeit vorwirft. Was mich zu euch führt, ist der Wunsch ein paar Dinge klar zu stellen, bevor ich kündige.

Midas: Unsere Vorstellung von Gut besteht darin, so viel Geld zu verdienen, damit wir ein gutes Leben führen können. Wir gaben dir eine Chance zur Elite des Kapitalismus zu gehören, damit auch du dir selbst ein gutes Leben finanzieren kannst. Wir haben dich aufgenommen, weil wir wussten, dass du großes Potential besitzt. Dann haben wir dir gezeigt wie Finanzmärkte funktionieren, wie du Informationen erhältst, Beziehungen aufbaust und wie du sie gewinnbringend einsetzt. Wir haben dich entwickelt und du warst auf dem Weg sehr erfolgreich zu werden.

Momos: Das Problem ist, dass eure Vorstellung von Gut einhergeht mit Selbstsucht, Gier, Korruption und sich dem Kredo der Profit Maximierung unterwirft. Dabei vernachlässigt ihr jede Verantwortung gegenüber nicht-finanziellen Werten, die in Wahrheit unsere Lebensqualität erst auszeichnen. Aber mit euch über Verantwortung zu sprechen, ist sehr schwer, weil ihr häufig kein Verantwortungsgefühl besitzt, es sei denn ihr habt es irgendwo vertraglich vereinbart. Und Qualität ist wohl auch ein Fremdwort für euch, da ihr nur in Quantitäten euer Lebensglück ausdrücken könnt. Je mehr Geld und Waren ihr besitzt, desto besser euer Leben. Eure Vorstellung von Gut missfällt mir und deswegen habe ich es so oft kritisiert.

Midas: Ohne Profite wäre unsere Wirtschaft irgendwann bankrott und dann gebe es überhaupt keine Waren mehr, die unsere Lebensqualität irgendwie auszeichnen. Wie viel individuelle Verantwortung wir bei der Bereitstellung bestimmter Güter und Dienstleitungen tragen, das regeln die zugrundeliegenden Verträge, die den Gesetzen der jeweiligen Jurisdiktion unterliegen. Natürlich ist jeder Wirtschaftsteilnehmer, sowohl Produzent als auch Konsument bemüht seine Ziele kosteneffizient zu erreichen. Geld ist ein guter Maßstab, der Kosten misst. Was ist daran falsch?

Momos: Ich verneine nicht, dass ein gutes Leben auch bestimmte Waren benötigt und es sollten auch Profite erwirtschaftet werden. Es ist aber falsch, dass ihr eure Macht missbraucht hinsichtlich der Vertragsgestaltung und der Ausnutzung bestimmter Jurisdiktionen, die rechtliche und steuerliche Vorteile einräumen zu Lasten der Allgemeinheit. In den meisten Fällen verwaltet ihr auch nicht euer eigenes Geld, sondern das Geld der Allgemeinheit. Und wenn wir schon über Geld reden, ist Geld ein Allgemeingut, welches die Schuld eines bestimmten Währungsraumes reflektiert.

Hades: Ob der Euro oder der Dollar ein Gemeingut darstellen, ist eine kontroverse Behauptung. Jedenfalls wird in unserer Branche der Erfolg in Zahlen gemessen. Unsere Anleger beauftragen uns ihr Geld gewinnbringend zu verwalten. Wenn wir erfolgreich wirtschaften, werden wir entsprechend vergütet anhand der ausgehandelten Verträge. Du beneidest nur unsere Leistung und unseren Verdienst.

Momos: Eure Welt ersetzt die menschliche Würde durch irgendeinen Marktwert. An Profiten partizipiert ihr vollumfänglich, aber nicht an Verlusten. Ihr haftet nicht persönlich für schlechte Ergebnisse. Insgesamt würde ich auch eine leistungsgerechte Vergütung verteidigen, aber ihr habt kein richtiges Maß oder richtige Anreizsysteme für eure Tätigkeiten entwickelt. Ihr seid maßlos. Ihr besitzt falsche Anreizsysteme und transferiert dieses System der Maßlosigkeit und falschen Anreizsysteme in die Welt der Unternehmen, der Politik und sogar in den Sport. Folglich wird eine gesamte Gesellschaft verführt in eine Welt voller Sünden und Laster. Dieses falsche Anreizsystem und diese Maßlosigkeit sind wie die Büchse der Pandora. Hinzu kommt diese Banalität des Bösen, die sich in einer unerträglichen Passivität und Gleichgültigkeit äußert.

Midas: Wenn Haftung nicht beschränkt wäre, würde niemand mehr Risiken eingehen. Finanzielles Engagement ist immer mit Risiken verbunden. Die beschränkte Haftung einer Kapitalgesellschaft schützt vor gesamtwirtschaftlichen Schäden. Der Bankrott einer Firma bedeutet dann nicht, dass andere Firmen durch die Insolvenz eines Eigentümers Bankrott gehen. Wir, als Investmentbanker und Fondsmanager, drücken das Verhältnis unseres Engagements ganz einfach in Risiko und Rendite aus. Wo ist das Problem?

Momos: Das Problem ist, dass ihr nur mit Risiko und Rendite arbeitet. Wo bleibt eure Rücksicht auf soziale und ökologische Fragen? Wo bleibt die Urteilskraft darüber, ob eine Investition qualitativ hochwertig ist oder nicht? Wenn wir mehr Müll produzieren, steigern wir damit zwar das Bruttoinlandsprodukt, aber nicht unsere Lebensqualität. Ihr setzt immer wieder Umsatz- und Gewinnzahlen ins Verhältnis und drängt Unternehmen zu immer größeren Wachstumsraten. Wurde der Gewinn gesteigert, ratet ihr den Unternehmen neue Kapitalinstrumente zu emittieren, damit ihr euch mehr vom Gewinn abknüpfen könnt bis der Gewinn wieder das ursprüngliche Niveau erreicht. Und dann wollt ihr wieder mehr Wachstum und mehr Gewinn. Wenn das Unternehmen dann so verschuldet ist, dass es kaum noch handlungsfähig ist, drängt ihr das Unternehmen bestimmte Vermögenswerte an Unternehmen zu verkaufen, in die ihr schon investiert seid. Die Anteile an dem alten Unternehmen verkauft ihr an denjenigen, der an die Turnaround Story glaubt und wenn sich die Gelegenheit bietet, beschleunigt ihr die Zerstörung des alten Unternehmens durch gezielte Leer Verkäufe und wartet bis die Masse in Panik gerät und euch die Papiere übereignet, die ihr Wochen vorher schon verkauft habt, ohne sie zu besitzen. Zusätzlich schließt ihr ein Dutzend Geschäfte mit Derivaten ab und hebelt eure Interessen am Finanzmarkt und das teilweise in ganz unregulierten Märkten. Auf der anderen Seite finden sich die Massen, die euch ihr Geld über Banken, Fonds, Aktien, Anleihen und Derivaten unwissend zur Verfügung stellen. Durch eure Innovation der Verbriefung von bestehenden Verbriefungen konntet ihr das Finanzvermögen vervielfachen. Doch Risiken wurden ebenso vermehrt. Zwar möchtet ihr auf der einen Seite Risiko vermeiden, auf der anderen Seite sucht ihr nach Mitteln und Wegen Risiken zu steigern, damit sich die Risikoprämien erhöhen, die eure Einnahmen erhöhen. Je höher das Kreditausfallrisiko, desto höher eure Zinseinnahmen. Soweit so gut. Geht eure Rechnung nicht auf, verlangt ihr von der Allgemeinheit und dem Staat milliardenschwere Rettungspakete um eure Verluste auszugleichen, die natürlich auch die Spareinlagen derjenigen bedrohen, die nie in diese gigantische Spekulation mit eingestiegen sind. Hinzu kommen eure absurden Spekulations-Algorithmen, was nichts weiter ist, als der jämmerliche Versuch, eine heiße Kartoffel immer wieder weiter zu reichen. Es wird versucht die gleichen Schuld- und Eigenkapitalinstrumente immer wieder teurer zu verkaufen. Für alle diese Leistungen verlangt ihr millionenschwere Gewinnbeteiligungen und Verwaltungsvergütungen. Je höher das zu verwaltende Vermögen, desto höher die Vergütungen unabhängig davon, ob ihr erfolgreich anlegt oder nicht und ohne Berücksichtigung sozialer und ökologischer Aspekte. Und wenn ihr nicht selber spekuliert, dann ratet ihr euren

Kunden zur Spekulation und kassiert riesige Provisionseinnahmen.

Midas: Wer ermutigt dich uns zu kritisieren?

Momos: Ich vertrete alle diejenigen, die sich jeden Tag um unsere Lebensqualität bemühen. Es geht um diejenigen, die nach dem Schönen, Wahren und Guten streben. Es geht um diejenigen, die hart und ehrlich an einer besseren Zukunft für uns alle arbeiten. Es geht um diejenigen für die Integrität keinen Preis, sondern ein Wert an sich besitzt.

Krösus: Glaubst du nicht, dass du utopische Ideale vertrittst, die sich auf Dauer wohl kaum durchsetzen lassen? Ein paar Laster, ein paar Sünden und ein bisschen Böses wird es immer geben.

Momos: Vielleicht wird das Böse nie ganz verschwinden. Wir müssen uns aber bemühen das Böse in Grenzen zu halten, damit das Leben weiterhin lebenswert bleibt und wir glücklich sind. Stellt euch eine Welt vor, in der es keine Menschenrechte, keinen Umwelt- und keinen Tierschutz gibt. Was passiert, wenn Menschen nicht mehr ehrenamtlich handeln und alles nur noch zu einer Ware verkommt. Es herrsche Tyrannei ohne Recht und Ordnung. Darüber hinaus ließe sich keine Zivilisation und keine Kultur finden. Ist das eine gerechte und schöne Welt?

Midas: Ist das alles, was du klarstellen wolltest? Deine Anschuldigungen sind oberflächlich und erinnern mich mehr an primitive Pöbelei als vernünftige Kritik.

Momos: Nein, das war erst der Anfang. Ich werde jetzt ganz konkret auf eure Verfehlungen zu sprechen kommen und denjenigen berichten, die mit euch in geschäftlicher Beziehung stehen und regelmäßig benachteiligt werden. Ich beginne mit eurem maßlosen Verhalten in der Banken- und Fondsindustrie und zeige wie ihr eure schlechte Moral Einstellung in die Unternehmenswelt, die Politik und den Sport transferiert. Viele von euch haben sich so stark in den Medien vorgedrängt, dass es nicht einmal notwendig ist, eure Namen zu erwähnen, weil jede Suchmaschine dieser Welt euch im Fadenkreuz besitzt. Meine Kommentare und Äußerungen werden sich auf bestimmte Sachverhalte beziehen seit dem Ausbruch der Finanzkrise im Jahr 2008. Das Ziel ist klar definiert. Es geht darum euch alle vom Olymp zu vertreiben und einen Neuanfang zu starten. In anderen Worten geht es darum einen Ausweg aus dieser andauernden Krise zu finden, indem wir mit neuen Menschen an der Macht Vertrauen, Glaubwürdigkeit und Zuversicht schaffen. Ihr da oben auf dem Olymp seid nicht mehr länger tragbar.

Krösus: Wir sind gespannt, was du zu berichten hast. Einer Schuld sind wir uns nicht bewusst.

Momos: Es geht nicht um eure Schuld oder Verantwortung gegenüber dieser Krise. Denn mir ist vollkommen bewusst, dass ihr ein sehr eingeschränktes Verantwortungsgefühl besitzt, welches sich auf eure vertraglich schriftlich festgelegten Verpflichtungen beschränkt. Verantwortungsgefühl und Pflichtbewusstsein kann man auch niemanden aufzwingen, denn es entsteht freiwillig im gegenseitigen Einverständnis. Allerdings habt ihr eure Freiheit missbraucht und unsere Gesellschaftssystem stark erschüttert. Freiheit ist eben ein Wert, den man schätzen muss und nicht missbraucht zu seinen eigenen Zwecken und zum Schaden seiner Mitmenschen. Es geht ganz allein um eure Entscheidungen, die ihr trefft und Konsequenzen, die ihr herbeiführt.

Hades: Unsere Entscheidungen haben wir wohl überlegt.

Momos: In meinem Urlaub habe ich gut recherchiert. Fangen wir doch mal an mit eurer krankhaften Nachahmung der Gorilla Bank an der Wall Street.

Midas: Jeder von uns hat bestimmte Vorbilder. Was ist daran schlecht?

Momos: Die Nachahmung der Gorilla Bank kostete die Goldberg AG 2008 beinahe die Existenz. Eure Investitionen in sogenannte ABS Papiere, also forderungsbesicherte Wertpapiere, war extrem leichtfertig und naiv. In der Boom Phase war eure Kreditvergabe und Derivate Spekulation sehr expansiv. Euer Verhalten motivierte die Kreditnehmer z.B. ihre Häuser zu immer höheren Preise zu (re)finanzieren. Man konnte ahnen, dass das Geschäft irgendwann zusammenbrechen musste. Viele Kreditnehmer mit schlechter Bonität konnten irgendwann die Rückzahlungsraten nicht mehr leisten und immer mehr ABS Papiere verloren folglich an Wert. Finanziert hat eure Bank diese Investments in ABS und diverse Derivate mit relativ niedrigem Eigenkapital und viel Fremdkapital. Sowohl bei euch als auch bei der Gorilla Bank betrug das Verhältnis zwischen Eigen- und Fremdkapital zeitweise mehr als 1:30. Solange das Fremdkapital weniger kostete als die Investition Rendite erzielte, steigerte das die Eigenkapitalrendite, was wiederum bis heute ein Erfolgsfaktor in dieser Bank darstellt. Es ist doch grotesk, dass die besten Physiker und Mathematiker der Welt motiviert wurden bei euch oder anderen habgierigen Investmentbanken zu arbeiten, weil sie mehr Geld an der Finanzierung des Häuserbooms, der Spekulation mit ABS und irgendwelchen Derivaten verdienen konnten, als bei jedem anderen Forschungsprojekt dieser Welt. Bis heute lässt sich kurzfristig mit dem An- und Verkauf dieser Finanzmarktinstrumente so viel Geld verdienen, dass nach Abzug aller Kosten riesige Profite blieben. So weit wie der Boss der Gorilla Bank konntet ihr es aber noch nicht schaffen. Dazu fehlte euch bisher genug Spielgeld. Fakt ist doch, dass ohne die Rettungsmaßnahmen von Redrock, die Goldberg AG längst Pleite gewesen wäre, nach diesen riskanten Wetten und Spekulationen.

Hades: Der Boss der Gorilla Bank verdiente in dem Jahr vor der Insolvenz mehr als 30 Millionen Dollar. Davon waren wir noch weit entfernt. Zumindest ein Teil von uns. Die Goldberg AG hatte damals ganz einfach Pech und nun hat sie etwas Glück.

Momos: Ich weiß, dass der Boss der Gorilla Bank persönlich bis zum Bankrott des Unternehmens mehr als 500 Millionen Dollar verdiente. Rechtlich war alles einwandfrei, weil die Verträge und Gesetze diese Regelungen nicht verbieten. Die Goldberg AG gehörte auch zu den Anlegern, die dem Gorilla Geld liehen zum Zwecke weiterer Spekulationen und ABS Investments. Aufgrund der Zahlungsausfälle der Kreditnehmer verloren die Investments rapide an Wert. Es ist etwas ärgerlich, aber das ist eben so und da muss man sich eben anpassen, würde Midas wahrscheinlich sagen. Das vom Ober Gorilla „rechtmäßig" verdiente Geld sei nicht zurückzufordern, weil die Verträge und Gesetze das nicht erlauben würden.

Midas: Ja, das würde ich so sagen.

Momos: Niemand konnte vorhersehen, dass das Geschäftsmodell irgendwann zusammenbrechen würde, oder? Außerdem wurde niemand gezwungen euch oder dem Gorilla Geld zu leihen, oder? Erklär, dass doch mal den privaten Anlegern und Sparern, die von den ganzen Hochglanzprospekten von euch und dem Gorilla getäuscht wurden zum Zwecke fragwürdiger Investitionen in Immobilienprojekte und Derivate, die wahrscheinlich nicht einmal Daidalos richtig versteht.

Hades: Der Zusammenbruch war auf der anderen Seite für einige von uns sehr lukrativ. Zum Beispiel hat John Paulson, der Subprime Master und Hedge Fund Manager, gezielt auf die Abwertung der ABS gewettet und verdiente für sich allein in einem Jahr rund 3,7 Milliarden Dollar.

Momos: Genau. Und die Gorilla Bank hat am Ende alles verloren, weil sie gegen Paulson auf weiter steigende Preise gesetzt hat. Ihr habt ja alles wohl überlegt. Wie damals der Gorilla Häuser finanziert hat, finanzieren jetzt ein paar Wölfe des Olymps die Autos von kränkelnden Kreditnehmern. Und Autos braucht die Welt unbedingt mehr. Es wird ununterbrochen produziert und finanziert. Allein schon deswegen, weil sonst die Automobilkonzerne in der Krise stecken würden. Fast alle Unternehmen werden von euch ständig auf Wachstum von Umsatz, Absatz und Gewinn gedopt. Wird der Gewinn gegenüber dem Vorjahr nicht mehr gesteigert, verkündet die Presse im Namen der internationalen Konzerne eine weitere Krise trotz Rekordzahlen. Schwer nachzuvollziehen ist dann, dass die von euch bestellte Vorstandsebene überproportional an den

Gewinnentwicklungen profitiert und die restlichen Arbeitnehmer leer ausgehen. Seit Jahren klettert die Gehaltsentwicklung in der Vorstandsebene und die Einkünfte aus Kapitalvermögen nach oben. Jeder, der unter der Führungsebene arbeitet und nicht genug Mittel besitzt um sich in Unternehmen einzukaufen, muss dagegen mit ansehen, wie die immer größer werdenden Unternehmensgewinne in die Tasche der Vorstände, Aufsichtsräte und Kapitalgeber fließen mit der Folge, dass die Schere zwischen Arm und Reich immer weiter auseinander geht.

Krösus: Wir befinden uns in einem globalen Konkurrenzkampf um Arbeit, Boden und Kapital. Kapitalismus übergibt die Verteilungsmacht denjenigen, die am internationalen Kapitalmarkt den höchsten Preis zahlen. Geld regiert die Welt. So ist das. Aber jeder der Geld besitzt, kann sich ein Stück von der Welt kaufen. Ist das nicht gerecht? Die Forderung nach mehr Lohn und Gehalt unterhalb der Vorstandsebene, schwächt die preisliche Konkurrenzfähigkeit am Markt. Das bedeutet mehr Risiko für die Kapitalgeber.

Momos: Geld ist auch kein schlechtes Mittel Waren und Dienstleistungen im Weltmarkt zu verteilen. Aber man kann den Eindruck gewinnen, das Geld selbst zum Zweck des Wirtschaftens wird. In Bezug auf Verteilungsgerechtigkeit könnte man einen Bonustopf in Höhe von 30 Millionen Dollar auch auf 1.000 oder 10.000 Beschäftigte aufteilen, statt den Betrag komplett an einen Gorilla zu überweisen. Es sollte eine stärkere Gewinnbeteiligung unterhalb der Vorstandsebene stattfinden. Das würde nämlich nicht direkt die preisliche Konkurrenzfähigkeit beeinflussen, da es um die Verteilung von Überschüssen geht. Auf der anderen Seite erhöht eine stärkere Gewinnbeteiligung die qualitative Konkurrenzfähigkeit, da gute Arbeitskräfte besser motiviert sind und längerfristig im Unternehmen bleiben, was wiederum das Risiko der Kapitalgeber reduziert neue und gut ausgebildete Fachkräfte zu finden, falls die guten Leute eure Unternehmen verlassen. Nichtsdestotrotz vermisst man bei den bestellten Führungskräften, den Aufsichtsräten und den Kapitalgebern einen Goldenen Kodex, der den Respekt gegenüber seinen Mitarbeitern ausdrückt. Die einfachste Regel würde lauten: „Behandle andere so, wie du von ihnen behandelt werden willst." Diese Maxime würde zumindest das selbstsüchtige Gewinnstreben etwas eindämmen.

Krösus: Solange sich das Proletariat nicht wehrt, werden wir unsere Strategie zur Gewinnverteilung nicht ändern. Es ist und bleibt ein Spiel der Macht. Wenn es dir noch nicht aufgefallen ist, dann lass uns noch hinzufügen, dass die von uns bestellten Vorstände und Aufsichtsräte beauftragt sind unsere Macht zu erhalten und weiter auszubauen.

Momos: Natürlich ist mir aufgefallen, dass die gleichen Personen mehrere Mandate als Geschäftsführer und Aufsichtsräte in verschiedenen Unternehmen besitzen. Es ist nicht nachvollziehbar wie ein Geschäftsführer eines multinationalen Konzerns mit Millionen von Kunden, tausenden von Zulieferern und hunderttausenden Beschäftigten auch noch Geschäftsführer und Aufsichtsrat von einem dutzend anderen Unternehmen sein kann, obwohl er bei dem einem Unternehmen schon Millionen verdient und zeitlich eigentlich extrem eingespannt sein müsste. Welcher Aufsichtsrat kann ehrlich behaupten, dass er mehrere multinationale Konzerne fundiert beaufsichtigen kann?

Krösus: Diese Leute müssen uns nur helfen unsere Strategie umzusetzen und unsere Strategie lautet mehr Umsatz und mehr Gewinn.

Momos: Und die Leute, die euch extrem sympathisch sind, gewährt ihr auch Abfindungen und Sonderzahlungen ohne Gegenleistung, indem ihr sie vertraglich vereinbart.

Krösus: Das darf man aber öffentlich nicht sagen. Das ist sehr sensibel.

Momos: So zum Beispiel der Banker, der vom Finanzvorstand zum Aufsichtsratschef der gleichen Bank ernannt wird und für diesen Stuhlwechsel 17,6 Mio. Euro erhält? Oder ein Manager von einem Mobilfunkunternehmen zu einem Kabelnetzbetreiber wechselt und ein Begrüßungsgeld von 2,45 Millionen Euro erhält genauso wie eine Managerin von einer Bank zu einer Internet Suchmaschine wechselt und dort nur für den Amtsantritt 5 Millionen Dollar erhält neben einem Aktienpaket in Höhe von 25 Millionen Dollar? Das gleiche Begrüßungspaket fordern mittlerweile auch Fußballtrainer und Manager, die eine gigantische Spekulation im Fußball Transfermarkt von euch betreuen sollen.

Krösus: Der Transfermarkt im Sport bietet manchmal interessante Gewinnmöglichkeiten.

Momos: Das Geld könntet ihr auch in die Nachwuchsarbeit stecken und dann wären die Gehälter im Profisport nicht so exzessiv. Die Startelf von Real Madrid hat ein Jahresgehalt von mehr als 100 Millionen Dollar.

Midas: Möchtest du noch andere Leute beneiden?

Momos: Da gibt es noch die Leute, die beruflich irgendwie gescheitet sind, aber ihr trotzdem Millionen zahlt. Zum Beispiel erhält ein früherer Politiker, der kurzfristig zum Vorstand bei einer Baufirma bestellt wird, trotz Rücktritt noch 3,75 Millionen Euro ausbezahlt. Einem Ex-Telekom Manager wurden nach 6-monatigen Intermezzo als Vorstandsmitglied eines in Insolvenz geratenen Einzelhandelskonzerns 15 Millionen Euro zugesprochen. Ihr belohnt sogar Leute mit einer Millionenabfindung, den der Bau eines Hauptstadt Flughafens misslingt zu Lasten der Steuerzahler. Danach vermittelt ihr diesen Manager an einen anderen Flughafen. Soll dieser Mann dort das nächste finanzielle Debakel anrichten zu Lasten der Steuerzahler?

Krösus: Solange wir und der Manager damit Geld verdienen können, ist das kein Problem.

Momos: Wundert mich das jetzt? Außerdem wird nach wie vor zu wenig Rücksicht genommen auf soziale und ökologische Folgen, die sich nicht in Geldwerten ausdrücken lassen. Als zum Beispiel die Öl Plattform im Golf von Mexiko explodierte, trat soviel Öl aus, verseuchte das Meer und die Küsten und zerstörte die Existenz vieler Fischer, die Strände der Ferienurlauber und das zu Hause von tausenden Seevögel. Wie könnt ihr behaupten, einen Geldwert für diesen Schaden ermittelt zu haben?

Hades: Die Aufwendungen in Höhe von 38 Mrd. Dollar reflektieren, die Rettungsmaßnahmen und Reparationszahlungen an die Opfer. Der ermittelte Preis ist eine wirtschaftliche Kompensation. Nicht mehr und nicht weniger.

Momos: Ich möchte euch noch ein weiteres Beispiel nennen. Einer der größten Rohstoffhändler der Welt entschied sich aus Kostengründen dafür Giftmüll illegal in die Elfenbeinküste zu exportieren und dort zu entsorgen. Für den milliardenschweren und profitablen Konzern war es zu teuer den toxischen Müll ordnungsgemäß in Europa zu entsorgen. Warum macht man so etwas?

Krösus: Aus Kostengründen. Schließlich drücken extra Aufwendungen auf die Rendite.

Momos: Wegen guter Renditeaussichten hätte auch ein Konsortium aus internationalen Banken das Kernkraftwerk Belene in einem erdbebengefährdeten Gebiet in Bulgarien finanziert. Warum interessieren sich die Banken nur für den kurzfristigen Gewinn und nicht für die langfristigen Risiken? In Japan ist letztes Jahr ein Atomkraftwerk wegen einem Erdbeben explodiert.

Krösus: Hätten viele Umweltorganisationen nicht so viel dagegen protestiert, hätten wir das Atomkraftwerk in Bulgarien auch finanziert. Es war finanziell lukrativ.

Momos: Warum bemüht ihr euch nicht erneuerbare Energien auszubauen und den Bau neuer Atomkraftwerke zu stoppen, indem ihr sie nicht mehr finanziert. Oder warum beteiligt ihr euch nicht an Forschungsprojekten, die versucht die Radioaktivität in der Atomkraft zu entfernen? Warum spendet ihr nicht mal eine Million Dollar an öffentliche Universitäten für Forschung und Entwicklung sauberer Technologien? Jedes Quartal präsentieren die Finanzeliten der Öffentlichkeit milliardenschwere Gewinne. Es ist nicht nachvollziehbar warum nicht ein Teil zur Förderung des Allgemeinwohls gespendet wird. Steuern werden sowieso von euch durch diverse Finanzkonstruktionen umgangen.

Hades: Wir finanzieren erneuerbare Energien, wenn sie rentabler als konventionelle Energien sind. Das Spenden an öffentliche Einrichtungen entspricht nicht unserem Geschäftszweck.

Momos: Eine Umweltkatastrophe wie Tschernobyl oder Fukushima nehmt ihr also gerne in Kauf?

Midas: Wir versichern unser finanzielles Risiko gegen Atomkatastrophen.

Momos: Ihr meint eine Versicherung gegen den Kreditausfall und die entgangenen Zinseinnahmen. Ich meine aber das Umweltrisiko!

Midas: Dann passiert das Gleiche wie mit der Ölplattform im Golf von Mexiko. Mal gewinnt man und mal verliert man.

Momos: Die Umwelt ist euch egal. Der Tierschutz ist euch bestimmt auch egal. Hauptsache eure Investitionen in die Zucht-, Mast- und Schlachtbetriebe erzielen hohe Renditen.

Hades: Hohe Renditen schmecken doch am Besten.

Momos: Was wäre eigentlich, wenn es keine Tierschützer und keine Umweltaktivisten gäbe? Die Welt wäre kulturell am Abgrund.

Hades: Es wäre einfacher Geld zu verdienen und wir wären eine ziemlich reiche Kultur.

Momos: Das ist ein Irrtum. Wir wären eine ziemlich arme Kultur.

Hades: Die Menschen haben unterschiedliche Neigungen, Tugenden und Laster und folglich wird es auch unterschiedliche Akkumulationen von sowohl materiellen als auch geistigem Wohlstand geben. Das ist der Preis von Freiheit und überhaupt hat Alles seinen Preis. Umweltkatastrophen und soziales Elend lassen sich sehr wohl quantifizieren und ein guter Ökonom ist in der Lage auch die Kosten eines Schadens zu berechnen, wenn er den Wert ansetzt, der für die Wiederherstellung des Status Quo notwendig ist. Es gibt natürlich auch irreparable Schäden, wie eine Atomkatastrophe oder eine Ölkatastrophe, die eine bestimmte Fläche auf der Welt unbrauchbar macht und abgeschrieben werden muss. Auf der anderen Seite steigert es den Marktwert der übrigen Fläche auf der Welt, weil es nun insgesamt weniger brauchbare Ressourcen gibt.

Momos: In eurer Welt werden dann auch Menschen wie Waren behandelt. Waren, die nicht funktionieren, werden abgeschrieben. Das Problem ist, dass ihr euch dem Mammon unterworfen habt und unsere Welt in allen Bereichen durch ökonomisiert wird. Selbst Tiere und Pflanzen habt ihr als Marken und Patente angemeldet. Zuletzt wurde der emotionale Charakter eines Musikstückes vor einem Gericht verkauft. Was ist daran gut?

Hades: Der geistreiche Philosoph Thomas Hobbes sagte einmal: „Jedermann nenne das was ihm gefällt und Vergnügen bereitet gut und das was ihm missfällt, schlecht.“

Entsprechend ihrer unterschiedlich körperlichen Beschaffenheit unterscheiden sich die Menschen auch in ihrer Auffassung von Gut und Böse. Das schlechthin Gute existiert deshalb nicht. Wir sind da realistisch und du bist ein Idealist. Momos, gib doch einfach auf. Der Versuch uns zu belehren wird scheitern und alles wird so weitergehen wie bisher.

Momos: Ich möchte euch gar nicht belehren, weil es ein hoffnungsloses Unterfangen ist. Ihr seht nicht ein, dass ihr falsch handelt. Nun möchte ich euren Taten eine Bühne geben, euer Handeln auf die Leinwand projizieren. Ich möchte euren Blödsinn dokumentieren und denjenigen, die schon voller Wut und Protest auf der Straße sind, das nötige Werkzeug geben um euch zu Fall zu bringen.

Midas: Du möchtest gegen uns hetzen? Das ist Rufmord.

Momos: Nein. Das ist kein Rufmord. Schließlich beauftrage ich niemanden euch zu töten. Ich übermittle nur eine Botschaft: Ich befreie die Menschen aus ihrer selbst verschuldeten Unmündigkeit, indem ich den interessierten Leser über eure Taten informiere.

Midas: Deine Botschaft könnte unter dem Begriff der üblen Nachrede strafrechtlich verfolgt werden.

Momos: Was ich präsentiere ist übel, aber es ist keine üble Nachrede. Denn nach der allgemeinen richterlichen Auffassung der Jurisdiktion, der ich angehöre, existiert eine üble Nachrede nur dann, wenn meine Aussagen nicht den wahren Tatsachen entsprechen. Meine Aussagen sind tatsächlich wahr und sind somit keine üble Nachrede.

Midas: Du beleidigst uns.

Momos: Ihr beleidigt mich. Ich beleidige nicht. Ich kläre auf.

Hades: Um welche Taten geht es dir? Deine vorangehenden Betrachtungen über den Gorilla in New York, den Rohstoffhändler aus Amsterdam und die internationalen Banken, die sich im Konflikt mit ein paar Umweltaktivisten und Tierschützern befinden, sind doch völlig willkürlich gewählt. Welche Tatsachen möchtest du denn noch präsentieren?

Momos: Der Fall der Gorilla Bank gibt den Anstoß zu einer globalen Diskussion über Recht und Gerechtigkeit und markiert den Beginn einer tiefgreifenden Finanz- und Schuldenkrise, die bis heute andauert. Das rücksichtslose Verhalten gegenüber sozialen und ökologischen Aspekten sind das große Problem einer miserablen Manager Generation wie ihr seid. Es gibt mehrere Tatsachen, die nach dem deutschen Strafgesetzbuch verfolgt werden könnten: Ungerechtfertigte Bereicherung, Untreue, Kapitalanlagebetrug, Versicherungsmissbrauch, Bankrott, Verletzung der Buchführungspflicht, Wucher, Korruption, Gemeingefährliche Vergiftung, besonders schwere Fälle von Umweltstraftaten und Steuerhinterziehung. Ich bin der Meinung, dass es gar nicht notwendig ist im Strafgesetzbuch zu suchen und euch anzuklagen, weil eure moralische Einstellung schon so schlecht ist, dass euer Rücktritt für jeden nachvollziehbar ist.

Midas: Also versuchst du uns doch schuldig zu sprechen?

Momos: Es wäre möglich euch Straftaten vorzuwerfen. In vielen Fällen, könnt ihr euch aber verteidigen. Das bedeutet nicht, dass ihr nicht schuldig seid. Es bedeutet nur, dass es schwierig ist, euch den Prozess zu machen.

Hades: Wovor müssen wir uns dann fürchten?

Momos: Ihr müsst euch fürchten vor der Möglichkeit, euch nicht mehr verteidigen zu können.

Hades: Wie möchtest du beurteilen, ob wir uns verteidigen können oder nicht?

Momos: Ich fordere euch zum Duell heraus.

Hades: Wir nehmen die Herausforderung an. Wir sind uns allerdings sicher, dass wir unsere Pflichten nicht verletzt haben und glauben, dass wir als Sieger vom Platz gehen.

Momos: Meine Anklage lautet wie folgt. Ich klage eine Auswahl von Geschäftsführern und Aufsichtsräten an, die sich offensichtlich rücksichtslos gegenüber sozialen und ökologischen Aspekten zeigen, selbstsüchtig ihre beruflichen Ziele verfolgen, gierig nach finanzieller Gewinnmaximierung streben, korrupt arbeiten und maßlos ihre Sittenlosigkeit präsentieren. Allgemein werde ich dieses Verhalten als asozial bezeichnen. Ebenso klage ich eine Auswahl von Investoren an, die diese asoziale Kultur vertreten und weiter auf Geschäftsführer und Aufsichtsräte übertragen. Einzelne Individuen, die dieses asoziale Verhalten prägen, fasse ich als asoziale Gruppe zusammen. Ich klage an, dass diese asoziale Gruppe ihre Entscheidungs- und Weisungsbefugnis gegenüber Unternehmen und Staaten bewusst missbraucht und der Gesellschaft extremen kulturellen Schaden zufügt. Ich klage an, dass diese asoziale Gruppe das Gut der Freiheit missbraucht, indem sie ihr asoziales Verhalten im Rahmen von rechtsverbindlichen Verträgen legitimieren lässt und damit zur Gefahr für den Rechtsstaat wird. Der Grund meiner Anklage ist folgender: Ich bin ernsthaft besorgt um den Werterhalt einer freien und demokratischen Gesellschaftsordnung und den Werterhalt einer sozialen Marktwirtschaft. Deswegen übe ich scharfe Kritik gegenüber den asozialen Gruppen, insbesondere der asozialen Elite des Kapitals, die ihre Macht missbrauchen. Im Namen der guten und aufrichtigen Bürger verfolge ich das Ziel den Rücktritt der asozialen Gruppen aus ihren Ämtern zu fordern. Ich eröffne damit meine Kritik gegenüber den selbsternannten Masters of the Universe.

Hades: Glaubst du, wir sind asozial?

Momos: Wie asozial ihr seid, werde ich in den nachfolgenden Beispielen erklären. Ich werde mit euch einen kurzen Prozess machen.

Momos: Ich werde die Kritik kontinuierlich und systematisch äußern und auf der Ebene der Investoren, Analysten und Fondsmanager beginnen ehe ich meine Kritik auf die Ebene der Geschäftsführer und Aufsichtsräte multinationaler Konzerne, die Politik und den Sport richte.

Midas: Wir sind gespannt.

Momos: Ich muss niemanden von euch erklären, dass sich die Macht des Kapitals sowohl in Eigenkapital- als auch

Fremdkapitalinstrumenten äußert. Der Erwerb und Handel dieser Instrumente lässt lukrative Möglichkeiten entstehen, die Produktion von Gütern und Dienstleitungen zu motivieren, zu steuern und zu kontrollieren. Abhängig davon, was das Instrument repräsentiert, ist „der Preis" des Instruments eine bedeutende Gemeinsamkeit moderner Marktwirtschaften. Doch in welcher Einheit werden heutzutage Preise gemessen?

Midas: Natürlich ist das Geld der Maßstab. Also Euro, Dollar, Pfund, Franken und so weiter. Diese Währungen dokumentieren die Preisentwicklung unserer Instrumente. Es ist aber erwähnenswert, dass der Preis der Währungen auch schwanken kann. Der Preis einer Währung kann auch in dem Preis einer anderen Währung ausgedrückt werden. Übrigens ist der Währungshandel damit genauso lukrativ wie alle anderen Instrumente auch. Zusammenfassend kann man sagen, dass Geld, Güter und Dienstleistungen aller Art, sowie alle davon abgeleiteten Finanzinstrumente, Waren sind. Und Waren haben alle ihren Preis.

Momos: Und was ist der richtige Preis?

Midas: Der richtige Preis wird bestimmt durch das gegenseitige Einverständnis von Käufer und Verkäufer über Menge und Preis einer bestimmten Ware. Sind sich beide Parteien einig, findet ein Warenaustausch statt. Auf diese Weise werden Millionen von Menschen jeden Tag glücklich oder nicht, Momos?

Momos: Das marktwirtschaftliche Prinzip bietet gewisse Vorteile, aber die Marktwirtschaft ist nicht Gegenstand meiner Kritik. Und über das Glücklich sein reden wir später. Im Moment geht es mir darum der Jury eine Grundlage für ihr Urteil zu geben.

Hades: Möchtest du uns die Wirtschaftswissenschaften erklären?

Momos: Ich möchte weder eine Theorie des Monetarismus noch eine Theorie des Keynesianismus präsentieren. Die Wirtschaftswissenschaften stehen sowieso in einer akademischen Sinn Krise und müssen lernen sich neu zu erfinden. Diese Kritik ist vielleicht der Beginn, die Wirtschaftswissenschaften neu zu durchdenken oder zumindest zu überdenken. Ich benutze den Begriff des Monetären dagegen nur um das Geld in der Marktwirtschaft als euren Maßstab zu betonen. Das Geld spielt nämlich eine wichtige Rolle in dieser Diskussion.

Hades: Weißt du eigentlich von wo das ganze Geld herkommt?

Momos: Reden wir von dem Geld der Währungen oder dem Geld der Edelmetalle?

Hades: Du machst schon mal eine richtige Unterscheidung zwischen Währungen und Edelmetallen. Aber setzen wir doch die Grundlagen mit deiner Erklärung über der Herkunft des Geldes.

Momos: Edelmetalle stammen aus den Bergwerken dieser Welt und ihr Wert wird in Gewichtseinheiten ausgedrückt. Die Länder mit den größten Edelmetallvorkommen besitzen theoretisch also sehr viel Geld. Im Gegensatz zu der natürlichen Herkunft von Edelmetallen leitet sich die Herkunft einer Währung von der Kreditschöpfung der Zentral- und Geschäftsbanken ab. Der ursprüngliche Kredit einer Zentralbank ist eine auf sich selbstlautende Schuldverschreibung über einen Betrag, der in einer bestimmten Währungseinheit zum Beispiel Euro, Dollar oder Pfund ausgedrückt wird. Alle Währungen lassen sich theoretisch unbegrenzt durch die Vergabe von Krediten vervielfachen. Die Kreditschöpfung ist theoretisch nur durch die Zahlungsfähigkeit bzw. Unfähigkeit ihrer Kreditnehmer begrenzt.

Midas: Und der Preis des Kredits ist der Zins. In anderen Worten machen wir aus Geld noch mehr Geld durch die Zinsforderungen. In der Tat, ist die Zahlungsfähigkeit des Kreditnehmers unsere Grundlage zur Bestimmung des Risikos unserer Investitionen. Das Risiko ist die Wahrscheinlichkeit der Zahlungsunfähigkeit des Kreditnehmers. Setzen wir den Zins oder allgemein ausgedrückt den Ertrag ins Verhältnis zur Investitionssumme, erhalten wir die Rendite. Rendite- und Risikoerwartungen unterliegen einer kontinuierlichen Veränderung. Veränderungen von Risiko und Rendite lösen Preisschwankungen aus. Preisschwankungen geben Anlass zum Handeln. Wir sind die Meister des Handelns und der Profitmaximierung. Egal ob Aktien, Anleihen, Rohstoffe, Währungen, Immobilien oder irgendein Derivat. Wir handeln überall dort wo wir Möglichkeiten zum Profit identifizieren. Wir sind die besten Analysten und Händler dieser Welt. Wir sind die Master of the Universe.

Momos: Ist euch bewusst, dass euer Handeln auch unser soziales Leben und unsere Umwelt beeinflusst? Zählen für euch neben Rendite und Risiko keine anderen Faktoren für eine erfolgreiche Investition?

Midas: Wie schon erwähnt ist Geld ein sehr guter Maßstab für Wohlstand. Außerdem sind wir beauftragt Geld zu verdienen und deswegen beschränken wir unsere Investitionsentscheidungen auf die Profitmaximierung unter Berücksichtigung des Risikos. Wenn wir Unternehmen oder Staaten mit Geld finanzieren, dann vertrauen wir auf die Geschäftsführer und Aufsichtsräte der Unternehmen und die Politiker des jeweiligen Landes, damit soziale und ökologische Aspekte berücksichtigt werden.

Momos: Bei der Investition in Aktien, seid ihr doch Eigentümer des jeweiligen Unternehmens. Mit den verbunden Stimmrechten könntet ihr die Aufsichtsräte und Geschäftsführer des jeweiligen Unternehmens bestimmen und klare Vorgaben machen, wie das Unternehmen wirtschaften soll in der gesamten Wertschöpfungskette. Ihr könntet natürlich auch Einfluss nehmen auf Arbeitsbedingungen und die Freizeitgestaltung eurer Arbeitnehmer. Ihr könntet Produktionsverhältnisse an ökologische Standards anpassen, die über das gesetzliche Mindestmaß hinausgehen und ihr könnt so viel mehr noch beeinflussen. Die Fremdkapitalfinanzierung und die damit verbundenen Auszahlungsprofile könnten an bestimmte soziale und umwelttechnische Bedingungen geknüpft werden zum gegenseitigen Vorteil. Quantitative Vorgaben werden durch qualitative Vorgaben ergänzt. Eine möglichst hohe Zahl an gesunden und zufriedenen Arbeitskräften durch Familien-, Kultur-, Sport- und Bildungsförderung, eine leistungsgerechte und verhältnismäßige Entlohnung, weniger Umweltverschmutzung durch den Ausbau von erneuerbaren Energien, modernen Recycling- und Kläranlagen und den

Verzicht von schädlichen Stoffen in der Textil-, Nahrungs- und Kosmetikindustrie sowie den Aufbau einer nachhaltigen und gesunden Land- , Forst-, Fisch- und Viehwirtschaft sind nur ein paar Beispiele. Schließlich ist unsere gesamte Zivilisation auf ein gut funktionierendes Ökosystem angewiesen. Außerdem sind Werte wie Ehre, Respekt und Liebe, die Werte, die unsere Welt im innersten zusammen hält. Kein Geld dieser Welt kann die Abwesenheit eines gut funktionierenden Ökosystems und die Würde des Menschen kompensieren.

Hades: Mit gesunden, fairen und schönen Systemen kann man leider nicht ganz so viel Geld verdienen, wie mit kranken und maroden Systemen. Mehr Müll und mehr Medikamente bedeutet mehr Umsatz und mehr Gewinn genauso wie mehr Fahrzeuge und mehr Maschinen mehr Energie nachfragen und mehr Umsatz und mehr Gewinn generieren. Mehr Bürokratie lässt mehr Menschen eine Arbeit finden und je mehr Menschen in einem Arbeitsverhältnis stehen, desto mehr Einkommen besitzen sie, was wiederum die Kreditwürdigkeit erhöht und mehr Menschen konsumieren lässt. Es geht darum die Produktion von Waren und Dienstleistungen weltweit jedes Jahr zu steigern, damit Umsätze und Gewinne den Kapitalmarkt befriedigen, da sonst Zahlungsausfälle drohen und die Menschen ihren Wohlstand verlieren.

Momos: Was ist nun mit den Möglichkeiten als Aktionär und Kreditgeber? Seid ihr nicht daran interessiert von euren Möglichkeiten Gebrauch zu machen?

Hades: Das kommt darauf an, wie viele andere Aktionäre und Kreditgeber noch das Sagen haben. Unter Umständen zählt unsere Stimme nicht ausreichend viel oder wie

gesagt, verdienen wir durch den Einsatz von umweltscho-
nenden Technologien und den zusätzlichen Investitionen
in die Arbeitnehmer weniger Geld. Die Gewinne wären
nicht so hoch.

Momos: Bei weniger Gewinn, müsstet ihr doch weniger
Steuern zahlen, oder nicht? Es ist zynisch aber wahr: Eure
Kooperation mit den Steuerberatungsgesellschaften dieser
Welt liefern immer wieder neue Möglichkeiten der gezielten Steueroptimierung. Steuerparadiese helfen multinationalen Konzernen ihre Steuerlast zu reduzieren und noch
mehr Gewinne zu generieren. Das eingesparte Geld investieren die Unternehmen dann nicht freiwillig an die Orte,
wo ihre Arbeitnehmer wohnen und leben und auch nicht
in die Arbeitnehmer selbst, sondern in die Taschen der Aktionäre und Fremdkapitalgeber wie euch, die ohnehin
schon mehr als genug besitzen und an den Finanzmärkten
für immer größere Spekulationsblasen sorgen.

Krösus: In der Tat, wir senken unsere Steuerlast mit Hilfe
von Offshore Gesellschaften, indem wir das zu versteu-
ernde Einkommen in dem Land mit den höchsten Steuern
durch Zins- oder Lizenz Aufwendungen an Tochtergesellschaften im Ausland mit niedrigen Steuersätzen reduzieren. Das ist zur gewöhnlichen Praxis im internationalen
Wettbewerb geworden.

Momos: Aber es ist moralisch sehr bedenklich.

Krösus: Welche Moral?

Momos: Längst ist die unmittelbare Finanzierung durch
Aktien und Anleihen ersetzt worden durch immer mehr

Derivate, also Finanzinstrumenten, deren Auszahlungs-profile von der Preisentwicklung eines anderen Finanzin-struments abhängen. Derivate sind für euch große Geld-maschinen geworden und außerdem befreien sie euch von der direkten Verantwortung Stimmrechte von Aktien zu nutzen oder euch ernsthaft mit den Bedingungen eines Kreditgeschäftes auseinander zu setzen. Ihr flüchtet im-mer mehr in die Verantwortungslosigkeit. Aber wenn eure Beteiligungsgesellschaften, Fonds oder Banken, wie die große Bank des Gorillas in ernste Zahlungsschwierigkeiten gerät, ruft ihr die Staaten und ihre ehrlichen Steuerzahler zur Hilfe um eure Verluste zu begrenzen. Gewinne wer-den privatisiert und Verluste verstaatlicht.

Krösus: Aus Mangel an Investitionsmöglichkeiten nutzen wir Derivate. Das gehört zum Spiel dazu. Natürlich neh-men wir jede Hilfe an, die uns angeboten wird in Krisen-zeiten.

Momos: Aus Mangel an Investitionsmöglichkeiten inves-tiert ihr auch in Anleihen mit negativen Renditen. Seid ihr eigentlich total verrückt geworden?

Hades: Das Geld unserer Anleger ist in einem Fonds in-vestiert, den wir verwalten. Und unsere Verwaltungsver-gütung berechnet sich anhand des Gesamtfondsvermö-gens. Der Fondsvertrag legt fest, wie viel Prozent des Fondsvermögens als Cash auf Bankkonten gehalten wer-den darf. Bei zu viel Cash legen wir das Geld in Anleihen (mit negativen Renditen) an, da wir sonst das Geld an die Anleger zurückzahlen müssten und unsere Vergütung niedriger ausfällt.

Momos: Wenn es euer eigenes Geld wäre, würdet ihr auch in Anleihen mit negativen Renditen investieren?

Hades: Nein. Aber negative Renditen sind auch sehr selten.

Momos: Wissen eure Anleger, wie ihr Geld verdient?

Hades: Alle unsere Geschäfte sind rechtlich dokumentiert und besitzen ein Preisverzeichnis. Viele Anleger interessieren sich aber nicht für alle Einzelheiten ihres Investmentvertrages mit uns. Auf Dauer gewinnen wir natürlich nur das Vertrauen der Anleger, wenn wir dauerhaft Geld verdienen und nicht verlieren. Deswegen sind wir wie gesagt stets bemüht Geld zu verdienen. Außerdem haben viele Anleger mit uns jetzt die Möglichkeit in Indizes mit ETFs zu investieren ohne extra Kosten für einen extra Fondsmanager.

Momos: Haltet ihr eure Vergütungen für angemessen?

Hades: Viele Fonds besitzen eine Verwaltungsvergütung von 1-2% des zu verwaltenden Fondsvermögens und häufig noch eine Performance Vergütung bis zu 20% des Gesamtgewinns für den Fonds. Viele Beratungsmodelle basieren auf zwei Komponenten: Fixe plus variable Vergütung. Mehrere Milliarden Dollar zu verwalten, erfordert ein gewisses Maß an Aufwand.

Momos: Ich glaube, es ist ziemlich unverschämt und unerklärlich, wenn einige einzelne Personen übervorteilt werden. Die Gehaltssummen leiten sich aus vertraglich festgelegten Formeln zusammen, die als Basis das Gesamtfondsvermögen oder das vom Fondsvermögen erzielte Einkommen mit einem Prozentsatz multiplizieren, der ihnen Hunderte von Millionen Dollar gewährt. Die Anleger dieser Fonds dulden es und motivieren Fondsmanager wie euch finanzielle Risiken einzugehen und immer höhere Renditen zu jagen. Alles, was der Investmentvertrag nicht explizit verbietet, ist erlaubt. So gönnt ihr euch neben den millionenschweren Gehaltsvergütungen auch Aufwandsentschädigungen zu Lasten des Fondsvermögens für eure Reisen mit Privatjets, Luxus Yachten und Luxus Limousinen. Eure Firmen residieren in den höchsten und teuersten Wolkenkratzern der Welt. Wirtschaftsprüfer staunen, aber notieren keine Vertragsverstöße, weil sie keine Vertragsverstöße sind, sondern „nur" eine grobe Unsittlichkeit einer Finanzelite, die sich auf Kosten der Allgemeinheit bereichert und keine soziale oder ökologische Verantwortung für ihre Investitionen übernehmen möchte.

Krösus: Es gibt Berufsgruppen, die sich ein asoziales Verhalten leisten können. Willkommen in unserer Welt der Maß- und Schamlosen. Unsere Konkurrenz ist doch noch viel maßloser: Billy, der Bimco Fondsmanager, kann bei seiner Vertragsauflösung wahrscheinlich mit einem Bonus von bis zu 290 Millionen Dollar rechnen. Gokos von Heaven Asset Management verdiente in den letzten 10 Jahren vermutlich mehr als 900 Millionen Pfund. Der Bonus für das Jahr 2008 von Albert Dittar von der Bank neben unserer Konzernzentrale in Frankfurt, betrug mehr als 80 Millionen Euro, obwohl er jetzt wahrscheinlich wegen seiner Rolle im Libor Skandal entlassen wird. Zugegeben, dass die Gehälter der Vorstände vieler Industriekonzerne da nicht mithalten, aber diese Vorstände halten auch nicht mit der Startelf von Real Madrid oder dem FC

Bayern mit. Erst kürzlich wurden zwei Profi Boxern für einen Kampf 250 Millionen Dollar geboten. Entweder du gehörst zum Kreis der Auserwählten oder nicht.

Momos: Euer Verhalten motiviert viele andere Menschen zu einem räuberischen, egoistischen, selbstsüchtigen und rücksichtslosen Verhalten. Die Würde des Menschen wird ausgetauscht gegen den finanziellen Erfolg. Der Wert des Menschen wird diskontiert auf seinen Barwert. Wie sollen die Menschen glücklich und zufrieden werden, wenn ihnen kein Platz und keine Zeit mehr gegeben wird für Bildung und Entwicklung, für Freunde und Familie, für sportliches und kulturelles Engagement, das frei von dem Gedanken der Profitgier oder des ökonomischen Nutzens ist?

Hades: Alles muss man sich hart erarbeiten.

Momos: Sollen Menschen nur noch ihre analytischen Fähigkeiten benutzen, damit sie neue sinnlose Investitionsmöglichkeiten finden und betreuen? Sollen die Menschen in einem Großraum Büro voller Lärm sitzen und ihre Mittagspausen vor dem Computer verrichten, ihren Shitberry mit aufs Klo nehmen um jederzeit erreichbar zu sein, damit man Tausende von Emails zu Kenntnis nehmen kann und sie weiterleitet, wenn man sie selber nicht beantworten kann? Arbeiten wir um zu leben oder leben wir um zu arbeiten?

Hades: Solange die Menschen Geld verdienen, ist alles in Ordnung.

Momos: Mit der Angst und der Gier der Menschen arbeitet ihr jeden Tag aufs Neue. Als ob unsere Infrastruktur und der bisher erzeugte materielle und geistige Reichtum sofort verloren gehen würde, sobald bestimmte Menschengruppen zahlungsunfähig werden würden. Solange die Menschen nicht verhungern oder verdursten, wird die Menschheit immer Mittel und Wege finden, die Wirtschaft im Gang zu halten.

Hades: Soziale und ökologische Faktoren spielen eine untergeordnete Rolle auf unserer Ebene. Unsere Investitionen können die Produktion bestimmter Waren motivieren, regulieren und kontrollieren, aber der Markt ist und bleibt der Konsument. Wir erzeugen nur das Angebot wofür Nachfrage schon existiert. Wir erzeugen keine Bedürfnisse, sondern wir befriedigen sie. Umgekehrt beenden wir das Angebot, wofür es keine Nachfrage gibt. Momos, ich glaube, deine Kritik wird nicht sehr erfolgreich sein, weil alles so weiter gehen wird wie bisher.

Momos: Mir ist klar geworden, dass ich in einem Unternehmen mit so einer perversen Moralvorstellung nicht mehr länger arbeiten möchte.

Midas: Es ist deine Entscheidung.

Momos: Meine Entscheidung lautet: Ich kündige. Ich bin mir sicher, dass ihr bald noch viel mehr kritisiert werdet. Ihr seid in so vielen Problemen verstrickt. Ich werde die Kanonen nur in Stellung bringen. Das Volk wird sie zünden. Die Artillerie ist im Anmarsch. Viel Spaß bei der Verteidigung.

Das Wiedersehen mit Valerius und Ausblick 2013

Luxemburg am Freitag, den 9. November 2012, um 19 Uhr. Momos trifft Valerius in Luxemburg. Momos möchte Valerius von einem weiteren Engagement in der Goldberg AG abraten. Valerius offenbart seinen geheimen Plan und macht Momos ein interessantes Job Angebot.

Valerius: Momos, es ist schön dich wiederzusehen. Seit mehr als vier Jahren haben wir uns nicht mehr gesehen. Wie geht es dir?

Momos: Hallo Valerius. Um ehrlich zu sagen waren die letzten zwei Jahre wirklich verrückt und anstrengend. Seit diesem Sommer arbeite ich bei einer Wirtschaftsprüfungsgesellschaft in Luxemburg.

Valerius: Arbeitest du nicht mehr bei der Goldberg AG in Frankfurt?

Momos: Ich habe am 12. März gekündigt. Somit habe ich ein Jahr nach der Nuklearkatastrophe von Fukushima gekündigt.

Valerius: Das ist ein symbolischer Tag. Als diese Nuklearkatastrophe passierte, musste ich an unser fast erfolgreiches Engagement zum Atomkraftwerksbau in dem erdbebengefährdeten Gebiet in Bulgarien denken. Ich bin wirklich froh, dass du mich damals von dieser Investition abgeleitet hast. Wen ich wüsste, dass ich so ein umweltzerstörendes Projekt finanziert hätte, wäre ich an dem Tag der Katastrophe am Boden zerstört.

Momos: Es gibt noch viele andere Investitionen, die man überdenken sollte. Deswegen habe ich bei der Goldberg AG auch gekündigt. Aber warum engagierst du dich als Aktionär bei der Goldberg AG?

Valerius: Ich habe mich im Jahr 2009 eingekauft und halte seitdem 3% der Anteile. Außerdem besitze ich ein paar Kaufoptionen auf weitere 20%. Die Optionen laufen aber im August 2013 aus.

Momos: Auf weitere 20%?! Was hast du vor?

Valerius: Das Investment in die Goldberg AG hat sich für mich bisher gelohnt. Der Aktienkurs hat sich um fast 100% erholt und die Tendenz ist weiter steigend. Der Einstieg von Redrock war ein deutliches Signal, dass das Unternehmen eine gute Zukunftsperspektive haben wird.

Momos: Die Goldberg AG soll in eine reine Fondsgesellschaft umgewandelt werden und sich auf das stark wachsende Geschäft mit ETFs konzentrieren.

Valerius: ETFs sind eine boomende Asset Klasse und die Goldberg AG arbeitet sich eine starke Marktstellung aus.

Momos: Die Goldberg AG ist die Personifizierung des größten Übels in der Geschichte des Kapitalismus. Gier, Egoismus und Größenwahn stellen die Banken und Fondsindustrie auf eine große Probe. Außerdem symbolisieren ETFs eine regelrechte Investoren Passivität, die unglaublich schlecht für unsere Gesellschaft ist, da kein einziger ETF Fondsmanager sich um seine Investitionen kümmert hinsichtlich seiner Stimm- und Eigentumsrechte. Das einzige was zählt, ist Wachstum von Profiten und Umsätzen.

Valerius: Wie so oft im Leben geht es um das richtige Maß. Wie so oft in der Geschichte sind wir auf dem Weg zur Übertreibung oder besser gesagt zu einer gierigen Spekulationswelle. Um die Jahrtausendwende wurde mit vielversprechenden Aktien aus der IT Branche spekuliert, bis 2008 wurde massiv mit ABS und Derivaten spekuliert und seit 2010 beginnt die Spekulation mit ETFs und die Spekulation mit Derivaten geht natürlich weiter und nimmt immer zu. ETFs bieten die Aussicht auf einfache und schnelle Gewinne bei einer transparenten und niedrigen Kostenstruktur. Vielen Anlegern gefällt der Ansatz der passiven Investition, weil aktive Fondsmanager das Vertrauen der Anleger verloren haben. Ich bin fest davon überzeugt, dass in den nächsten Jahren ETFs sehr hohe Mittelzuflüsse haben werden. Die Goldberg AG und Redrock verdienen relativ hohe Gebühren an diesem Geschäft und ich will daran partizipieren.

Momos: Mit deinem Engagement bei der Goldberg AG unterstützt du dieses passive ETF Geschäft!

Valerius: Durch mein Engagement fließen der Goldberg AG keine neuen Mittel zu. Ich finanziere also nicht die Goldberg AG mit zusätzlichen Mitteln. Ich habe mich am Sekundärmarkt eingekauft oder anders ausgedrückt habe ich die Aktien von verunsicherten Aktionären abgekauft. Auf der kommenden Hauptversammlung möchte ich einen Übernahmeplan präsentieren und auf die Reaktionen bin ich gespannt.

Momos: Ich dachte immer, du hältst von ETFs nicht viel? Warum glaubst du plötzlich an den Erfolg dieser Asset Klasse?

Valerius: Ich bin überrascht davon, dass viele private und institutionelle Investoren sich auf dieses Abenteuer einlassen. Es ist sehr schwer diesen ETF Trend aufzuhalten oder zu ändern.

Momos: Also was ist dein Plan mit der Goldberg AG?

Valerius: Ich plane die Goldberg AG zu übernehmen und einen Kulturwandel bei der Bank herbeizuführen. Sollte der Plan nicht gelingen, bin ich mir sicher ein interessantes Gegenangebot von Redrock zu bekommen. Ich glaube nämlich, dass Redrock selbst die Goldberg AG mittelfristig übernehmen möchte und von der Börse nehmen will. Wenn ich offenbare, dass ich Optionen auf den Kauf von weiteren 20% besitze, kann es passieren, dass Redrock mir ziemlich schnell ein Kaufangebot unterbreitet, damit ihren Übernahmeplänen niemand im Wege steht.

Momos: Seit wann hast du diesen Plan?

Valerius: Schon die ganze Zeit. Ich meine, wenn der weltgrößte Vermögensverwalter Redrock bei einer insolvenzbedrohten Investmentbank einsteigt und mit neuem Kapital versorgt, wie viel Risiko habe ich mein Kapital zu verlieren?

Momos: Wie hast du dir die Optionen auf den Kauf weiterer Aktien gesichert?

Valerius: Ich kenne ein paar Fondsmanager, die zusammengerechnet 30% an der Goldberg AG halten. Nur 20% befinden sich im Eigentum von Menschen, die nur das Aktienregister kennt. Ich habe den Fondsmanagern ein interessantes Angebot gemacht. Die Fonds haben bei Aktien-kursen zwischen 30 und 50 Euro gekauft. Meine Optionen räumen mir das Recht ein, die Aktien für einen Kurs von 80 Euro zu kaufen. Im Schnitt erzielen die Fonds eine Rendite von 100% mit der Goldberg AG, falls ich die Optionen einlöse. Sollte der Kurs über 85 Euro klettern, werde ich auch mit meinen Optionen auf die Goldberg Aktie Gewinne erzielen, da ich für jede Option nur 5 Euro, also insgesamt nur 5 Millionen Euro, an die Fonds gezahlt habe.

Momos: Die Fonds kassieren also eine Prämie von 5 Euro pro Option und willigen darüber hinaus ein, dir die Aktien zum Preis von 80 Euro pro Stück zu verkaufen.

Valerius: Genau.

Momos: Klingt nach einem interessanten Geschäft. Ich bezweifele nur die Kooperationswilligkeit der Geschäfts-führung der Goldberg AG.

Valerius: Nach wie vor glaube ich nicht an diesen ETF Blödsinn und automatisierten Handel, aber im Moment wollen alle Leute ETFs. Diese ETFs erhalten immer mehr Geld und kaufen blind die Aktien des zugrundeliegenden Index oder schließen SWAP Geschäfte ab. Diese ETFs kaufen Aktien zu immer höheren Kursen, weil sie von den Anlegern dazu beauftragt sind, die Performance der zu-grundeliegenden Indizes abzubilden. Ein Dax ETF sollte die Entwicklung des DAX widerspiegeln und deswegen kauft er die Aktien zum nächst besten Kurs auf ohne vor-hergehende qualitative Analyse. Ich bin auf den Tag ge-spannt, an den die Anleger eine Rücknahme ihre Anteils-scheine wünschen.

Momos: Dann wird der ETF seine Aktien des zugrundeliegenden Index zum nächst besten Kurs einfach verkaufen.

Valerius: Ganz genau. Ganz schnell werden so viele Aktien
angeboten, für die es keine Käufer geben wird. ETFs besitzen das Potential den größten Tages- oder Wochenver-
lust in der Geschichte des Aktienmarktes zu erzeugen.

Momos: Wissen die Anleger, dass sie sich auf Dauer mit
ihren passiven Investitionen selbst schädigen werden? Ich
meine, jemand, der einfach ein paar Aktien kauft und sich
mit dem Unternehmen nicht auseinandersetzt, seine Mit-
spracherechte nicht nutzt und nur das Verlangen äußert
nach mehr Umsatz und mehr Gewinn: Das kann doch nur
in einer Katastrophe enden.

Valerius: Das Phänomen, das jemand einfach Aktien
kauft, sich mit dem Unternehmen nicht auseinandersetzt,
seine Mitsprache nicht nutzt und nur das Verlangen äußert nach mehr Umsatz und mehr Gewinn, trifft auch auf
viele scheinbar aktive Fonds zu. Viele Fondsmanager entwickeln zu viele quantitative Handelsstrategien ohne auf
qualitative Maßstäbe zu achten. Ich kann mich noch gut
an deine Kritik erinnern bei unseren gemeinsamen Sitzungen. Du wolltest immer den Geschäftszweck und die Menschen hinter den Unternehmen kennenlernen. Du wolltest
Rücksicht nehmen auf Menschen- und Arbeitnehmerrechte. Du wolltest die Umwelt und die Tiere schützen,
ressourcenschonend arbeiten, aufforsten statt nur abholzen, recyceln statt nur wegzuwerfen. Erneuerbare Energien statt Atom und Erdöl. Bei den Immobilienprojekten
wolltest du eine schöne Architektur und eine schöne

Wohnkultur kreieren, statt nur wegen den Renditeerwartungen zu bauen. Es gab sogar Branchen und Produkte, der du deine Finanzierung komplett ablehntest, weil diese Investitionen nicht mit deinen Idealen übereinstimmten, obwohl wir dort jede Menge Geld hätten verdienen können. Und du wolltest freiwillig Steuern zahlen, damit das Land genug Einnahmen für die Finanzierung und Unterhaltung von zum Beispiel Schulen, Universitäten, Kindergärten, Straßen oder Krankenhäuser besitzt. Du wolltest dem quantitativen ökonomischen Nutzen eine qualitative Komponente hinzufügen. Rendite und Risiko sollte ergänzt werden durch qualitative Wirkungskraft. Du wolltest ein richtiges Vorbild sein. Hältst du immer noch an diesen Prinzipien und Idealen fest?

Momos: Selbstverständlich. Deswegen habe ich auch bei der Goldberg AG aufgehört. Der Vorstand bei der Goldberg AG besitzt überhaupt kein Respekt gegenüber der Menschenwürde. Diese Leute besitzen überhaupt kein Sinn für Qualität. Sie sind habgierig, egoistisch, korrupt, rücksichtslos, arrogant und selbstsüchtig. Sie zerstören das Gemeinwohl, wenn der Preis hoch genug ist. In der Welt von Midas, Krösus und Hades besitzt alles auf der Welt einen Preis, weil ihrer Meinung nach alles eine handelbare Ware ist. Selbst Krankenhäuser, Schulen, Universitäten, Kindergärten, Sport- und Musikvereine sollten ihrer Meinung nach genauso profitorientiert arbeiten wie andere Unternehmen. Ehrenamt und freiwilliges Engagement sind für diese Leute ein Fremdwort genauso wie Familie und Freunde für sie ein Fremdwort sind. Ihrer Meinung nach könnte man auch die Justiz privatisieren. Gerichte und Gefängnisse sind Institutionen, die man an die Börse bringen könnte. Diese Menschen sind dem Mammon verfallen.

Valerius: Die Gier frisst das Hirn auf. Je mehr Geld die Menschen verdienen, desto mehr bilden sie sich ein, dass sie völlig autonom und autark leben könnten, aber das ist ein Irrtum. Unser gesamter Wohlstand hängt von so vielen Kleinigkeiten ab. Ein gutes Zusammenleben kann nur funktionieren, wenn die Menschen in einer ehrenvollen, lobens- und lebenswerten Kultur leben. Die Eliten des Landes müssten als gute Vorbilder dienen. Wenn Freiheit missbraucht wird zur Befriedigung selbstsüchtiger Interessen, dann wird es bald kein Gemeinwohl mehr geben. Durch zunehmende Korruption und rücksichtslosen Egoismus stürzen wir die Welt in materiellen und geistige Armut. Die heutige Banken- und Fondsindustrie motiviert und verführt die gesamte Wirtschaft zu immer größerer Profitgier.

Momos: Es macht mich traurig, dass selbst der Sport dem Mammon verfallen ist. Sportliche Leistungen werden nur noch in Geldwerten berechnet. Die Sportjournalisten berichten auch nur noch über Geld statt über sportliche Leistungen.

Valerius: Du hast Recht. Dem heutigen Journalismus fehlt die Qualität und die Fußballverbände kommerzialisieren den Sport für immer größere Profite, obwohl im Profifußball nur noch Einkommensmillionäre spielen. Multinationale Konzerne sponsern diese Unvernunft und auf dem Transfermarkt regiert die Mafia. Einzelne Spieler und Trainer wechseln für zwei oder dreistellige Millionensummen den Verein. Bald nimmt diese Mafia Jugendliche und Kinder unter Vertrag, damit sie mehr und mehr Transaktionen über ihre erwartete Karrieredauer abwickeln kann.

Als gebe es nicht genug Talente auf der Welt, die den Zuschauern einen attraktiven und unterhaltsamen Fußball schenken könnten.

Momos: Valerius, wie können wir für eine bessere Welt arbeiten?

Valerius: Wir dürfen nicht aufgeben, uns für eine bessere Welt einzusetzen. Ich werde meine Stimmrechte auf der kommenden Hauptversammlung der Goldberg AG nutzen und klar machen für was das Investmentbanking und die Fondsindustrie wirklich stehen sollte.

Momos: Ich bin gespannt.

Valerius: Ich möchte, dass du mein Assistent wirst und unser Bemühen dokumentierst. Wir dürfen nicht den Dienern des Mammons die Bühne kampflos überlassen. Wir müssen uns wehren, alternative Konzepte präsentieren und uns verbünden mit Gleichgesinnten für eine bessere Investmentphilosophie. Am Ende entscheiden die Konsumenten, wo sie ihr Geld ausgeben und Investoren, wo sie ihr Geld anlegen. Wir können nur hoffen, dass sie die richtigen Entscheidungen treffen und unsere Konzepte unterstützen.

Momos: O.k. Ich werde dein Assistent sein und unser Bemühen dokumentieren.

Hauptversammlung 2013 der Goldberg AG

Frankfurt am Freitag, den 31. Mai 2013 um 10 Uhr. Hauptversammlung der Goldberg Investmentbank AG. Die Geschäftsführung präsentiert einen erfolgreichen Jahresabschluss 2012. Danach übt Valerius sein Stimmrecht als zweitgrößter Einzelaktionär aus und präsentiert eine neue geschäftliche Strategie. Er appelliert an die Geschäftsführung und den Aufsichtsrat einen Kulturwandel in der Bank herbeizuführen. Momos beobachtet das Spektakel und protokolliert das Geschehen.

Midas: Sehr geehrte Aktionäre, ich freue mich auf ein erfolgreiches Jahr 2012 zu blicken und bin voller Zuversicht unseren erfolgreichen Wachstumskurs im Jahr 2012 weiter fortzusetzen. Der Umsatz für das abgelaufene Geschäftsjahr betrug sagenhafte 280 Millionen Euro. Der Gewinn nach Steuern beträgt 25 Millionen Euro. 12 Millionen Euro möchten wir gerne als Dividende ausschütten. Das entspricht einer Dividendenrendite von 4%, wenn man den Schlusskurs des letzten Jahres nimmt. Für das Jahr 2013 erwarten wir einen Umsatzanstieg und Gewinnanstieg von mindestens 50%. Bis 2015 möchten wir das zu verwaltende Fondsvermögen von derzeit 20 Mrd. Euro auf über 40 Mrd. Euro steigern. Durch eine verstärkte Zusammenarbeit mit Redrock möchten wir den Anteil von ETFs in unserer Fondssparte weiter steigern, was wiederum unser Handelsergebnis weiter steigern sollte. Durch günstigere Refinanzierungskonditionen sehen wir riesiges Potential in unserer M&A Sparte. Das aktuelle Jahrzehnt lässt viel Spielraum für neue Rekordübernahmen zu. Wir können Ihnen versichern, dass wir mit unserem Team vorbereitet sind neuer Rekorderträge für die Goldberg AG zu erwirtschaften. Bei den heutigen Abstimmungen bitte ich Sie den Vorschlägen der Geschäftsführung zu folgen. Insbesondere möchte ich Ihre Aufmerksamkeit auf Punkt 7 und 8 der Tagesordnung legen: Punkt 7 schlägt vor, Ikarus zum Mitglied der Geschäftsführung aufzunehmen. Punkt 8 richtet sich an den Corporate Governance Kodex. Nach dem deutschen Aktiengesetz (§ 161 AktG) unterliegt die Goldberg AG als börsennotierte Gesellschaft der Verpflichtung, bekannt zu geben, inwieweit den Empfehlungen des Deutschen Corporate Governance Kodex entsprochen wurde und wird oder welche Empfehlungen nicht angewendet wurden oder werden ('comply or explain'). Die Goldberg AG entspricht den Empfehlungen und Anregungen des Kodex nur teilweise. Der Vorstand und der Aufsichtsrat unterstützen das Prinzip der guten und verantwortungsvollen Unternehmensführung des Kodex, jedoch setzen wir nur die Empfehlungen und Anregungen des Kodex um, die uns sachgerecht erscheinen. Die genaue Entsprechenserklärung können Sie unserer Broschüre für diese Hauptversammlung entnehmen. Wir beginnen nun mit der Anhörung der Aktionäre, die sich zu Wort gemeldet haben. Bitte begrüßen Sie mit mir unseren drittgrößten Einzelaktionär Herrn Valerius. Das Rednerpult gehört Ihnen Herr Valerius.

Valerius: Sehr geehrte Miteigentümer der Goldberg AG, sehr geehrtes Management und sehr geehrter Aufsichtsrat, ich freue mich sehr heute die Gelegenheit zu nutzen über die Vergangenheit und Zukunft der Investmentbank Goldberg AG reden zu dürfen. Lassen Sie mich aber kurz selbst vorstellen: Mein Name ist Valerius, Gründer und Inhaber der Valerius Fonds Gruppe aus Luxemburg. Ich bin seit den achtziger Jahren im Fondsgeschäft als Fondsmanager aktiv und finanziere seit diesem Zeitpunkt eine Reihe von erfolgreichen Unternehmensgeschichten. Aber geschäftlicher Erfolg war für mich immer verbunden mit mehr als nur Geld und Rendite. Ich betrachte mich nicht nur als ein Finanzier, sondern auch als ein Unternehmer mit Verantwortung gegenüber sozialen und ökologischen Aspekte. Ich möchte Ihnen kurz erklären, was ich meine und welche Absicht ich mit der Firma Goldberg verfolge. Die Goldberg AG besitzt noch eine sehr junge Geschichte. Trotzdem ist dieses Unternehmen in kurzer Zeit zu einem Player, insbesondere im Fondsgeschäft geworden. Gegründet wurde das Unternehmen von Midas, Krösus und Hades im Jahr 2001. Nach der Beteiligung von Redstone und dem darauffolgenden Börsengang im Jahr 2007 begann die Weltöffentlichkeit von dieser dynamischen und risikofreudigen Investmentbank und Fondsgesellschaft erstmals Notiz zu nehmen. Mit Beginn der Finanzkrise wurde jedoch das Jahr 2008 zu einer großen Enttäuschung und bedeutete fast den Bankrott der Goldberg AG. Nur der Einstieg einer der weltgrößten Fondsgesellschaften namens Redrock konnte, diesen Bankrott verhindern. Die Anteile des Managements wurde in Folge der zahlreichen Kapitalerhöhungen und Kapitalumwandlungen verwässert und betragen heute zusammengerechnet noch 10%. Somit besitzt jedes Vorstandsmitglied unter 4% des Unternehmens. In den letzten Wochen habe ich mein Engagement in die Goldberg AG deutlich auf über 5% erhöht und damit bin ich der zweitgrößte Einzelaktionär hinter Redrock. Entschuldigen Sie bitte Herr Midas diese kleine Korrektur in den Besitzverhältnissen dieses Unternehmens, aber ich dachte, es sei wichtig Sie darüber aufzuklären. Ich mache keine Geheimnis daraus, dass ich ein ernsthaftes Interesse an der vollständigen Übernahme dieses

Unternehmens besitze. Dazu befinde ich mich im Besitz von Kaufoptionen von weiteren 20% der Goldberg Aktien. Ich besitze den Anspruch den Aufsichtsrat und die Geschäftsführung neu zu besetzen und das Unternehmen strategisch neu auszurichten. Aber wie soll meine Vision aussehen? Sehr verehrte Damen und Herren, ich weise gerne darauf hin, dass die gesamte Banken- und Fondsindustrie sich in einem Umbruch befindet. Nicht zuletzt durch die Banken- und Finanzkrise, die sich momentan in eine gigantische Staatsschuldenkrise oder Schuldenkrise ganz allgemein wandelt, ist das Vertrauen in den Kapitalismus und unsere Marktwirtschaft stark erschüttert. Seit meinem Einstieg in die Goldberg AG habe ich mich mehrmals gefragt, ob wir die Ursachen dieser Finanzkrisen beseitigt haben? Man könnte nun einwenden, dass die Krise viele Gründe besitzt und es unmöglich sei, mit den Mitteln einer noch relativ kleinen Investmentbank, die Krise zu entschärfen oder vielleicht ganz zu beseitigen. Es stimmt, dass wir einen begrenzten Entscheidungs- und Verantwortungsspielraum haben, aber dann habe ich mich gefragt: Haben wir alles Nötige in der Bank getan, damit wir einen wichtigen Unterschied im Finanzmarkt machen können? Ich glaube nicht! Ich komme zu dem Ergebnis, dass die Goldberg AG, sowie die gesamte Banken- und Fondsindustrie eine Geschäftspolitik eingeschlagen hat, die die Krise noch weiter verschärft und das Potential besitzt uns in eine materielle und geistige Armut zu stürzen, die extreme Ausmaße annehmen kann, neben zahlreichen ökologischen Katastrophen. Unsere Kultur, unsere Werte, unsere Verfassung und unserer gesamte Gedanke an einer europäischen Gemeinschaft ist am Beginn der Auflösung. Es stehen Werte auf dem Spiel für die Generationen gekämpft haben und nun stürzt uns eine bekloppte Manager und Banker Generation plötzlich in den Ruin. Viele Finanzprodukte basieren heute nicht mehr auf einer echten Investition in die Realwirtschaft, sondern nutzen ausschließlich der Spekulation am Finanzmarkt zur Lasten der gesamten Gesellschaft. Denn der Versuch der Zentralbanken, Investitionen mit niedrigen Zinsen anzukurbeln, scheitert an der selbstsüchtigen, egoistischen und profitorientierten Banken Kultur, die den Begriff der Menschenwürde durch Preise ersetzt hat. Es sind auch nicht nur die Banken, die an der Krise schuld haben. Es sind auch die anderen multinationalen Konzerne, die den Wert der Freiheit nur missbrauchen. Freiheit ist ein Wert für die Menschen gekämpft haben und nicht wenige sind im Kampf für die Freiheit zum Opfer gefallen. Es ist wirklich traurig, welche Dimension der Freiheitsmissbrauch angenommen hat. Der Freiheitsmissbrauch in dieser Manager Generation äußert sich in zwei nennenswerte Kategorien, die aber mit einem gewissen Maß an Vernunft beendet werden kann. Zum einen werden heute Management Verträge gebilligt, die die Vorstände und Aufsichtsräte finanziell extrem übervorteilen. Wenn man auf Vorstandsebene das 70fache oder gar 700fache eines normalen durchschnittlich verdienenden Angestellten durch Gehälter, Bonifikationen, Abfindungen oder Pensionsansprüchen verdient, dann ist das einfach nur eine unvernünftige, unverhältnismäßige und maßlose Situation. Die Angestellten wollen schließlich auch an dem Erfolg ihrer Arbeit partizipieren und nicht zugunsten der oberen 5% ausgebeutet werden. Um das klar zu stellen: Das ist kein Ruf nach einem neuen Sozialismus. Es ist vielmehr ein Ruf nach mehr sozialer Gerechtigkeit. Durch diese ungerechten Verteilungen brauchen wir uns nicht wundern, wenn vielen Menschen dann das Geld fehlt um steigende Mieten zu kompensieren oder den privaten Konsum und private Investitionen zu steigern. Durch diese systematische Ausbeutung wird die Pflege und Planung von Familien erschwert, da viele Paare sich beruflich so aufopfern müssen, dass für Familie und für Freude kaum noch Zeit bleibt, trotz extremer Effizienz Gewinne durch den Einsatz von moderner Roboter- und Computertechnologie. Warum sage ich das, obwohl die Banken- und Fondsindustrie doch nur ein Teil der Arbeitswelt darstellt? Ich sage das, weil die Banken- und Fondsindustrie mit ihren Investitionen und Finanzierungen alle Branchen dieser Welt beeinflussen kann hinsichtlich quantitativer und qualitativer Maßstäbe. Was, wie, wo und wann produziert wird, kann mit Geld beeinflusst werden und diese Bank nutzt ihre Entscheidungsspielräume nicht, wie sie es vielleicht tun sollte. Diese Bank schaut nur auf die Rendite und vernachlässigt ihr Interesse an moralischen Fragen. Die Frage nach dem guten Leben wird sich leider viel zu wenig gestellt. Häufig flüchten wir nur in eine Moral des Vergleichens statt uns an gesunden und ausgeglichenen Idealen zu orientieren. Meine Übernahme der Goldberg AG würde einen Kulturwandel erfordern und natürlich bin ich mir nicht sicher, ob die anderen Aktionäre und insbesondere die Geschäftsführung dieses Vorgehen unterstützen würde. Häufig entgegnen mir diese Top Manager, dass sie sowieso in einem sehr anspruchsvollen Geschäft arbeiten, das wenig Zeit für moralische Fragen lässt. Sie sagen, sie müssten bestmöglich die Interessen der Aktionäre bedienen und das Interesse des Aktionärs liege in der Profitmaximierung. Nun ich würde als Aktionär entgegnen, dass ich ein Aktionär bin, der sich für moralische Fragen interessiert und ich lege sehr viel Wert auf die Berücksichtigung qualitativer Komponenten neben Rendite und Risiko. Ein nachhaltiges und qualitativ hochwertiges Geschäftsmodell braucht nicht immer

Wachstumsperspektiven. Ich würde sagen, die sogenannten Topmanager kennen gar nicht die Ansprüche ihrer Aktionäre, weil sie ihnen nicht zuhören. Andere Top Manager entgegnen mir, dass sie für die Berücksichtigung moralischer Fragen mehr Zeit und größere Budgets brauchen. Ich würde sagen, dass sie sich die Zeit nehmen sollten und auf lukrative Gehälter müsste die Geschäftsführung auch nicht unbedingt verzichten, weil ich weiß, dass es eine sehr anspruchsvolle Tätigkeit ist, einen multinationalen Konzern gut zu führen. Aber wissen Sie meine lieben Aktionäre, was ich nicht dulden würde? Ich würde es nicht dulden, dass die Mitglieder meines Aufsichtsrates oder die Mitglieder meiner Geschäftsführung noch ein Dutzend anderer Mandate in Aufsichtsräten und der Geschäftsführung anderer Unternehmen wahr nehmen. Meiner Meinung nach, ist es inakzeptabel und nicht nachvollziehbar wie Top Manager mehr Verantwortung gegenüber mehr Unternehmen übernehmen möchten und auch tun (Midas, Hades und Krösus sind da keine Ausnahme), obwohl sie wissen, dass es unmöglich ist, weil die Zeit begrenzt ist. Sich außerdem wie unser Vorstand für unersetzbar und von unschätzbar hohen finanziellen Wert zu halten ist extrem gefährlich. Es ist nicht nur gefährlich für die Manager selbst, sondern auch für den Rest der Gesellschaft, weil die Aus- und Weiterbildung von zukünftigen Talenten vernachlässigt wird. Insofern trifft uns als Aktionäre und jeden mündigen Bürger die Verantwortung an gesellschaftlichen Strukturen mitzuarbeiten, die unseren Wohlstand fördern und schützen, statt ihn zu gefährden und womöglich plötzlich zu zerstören. Sollte ich dieses Unternehmen übernehmen, werde ich mich für eine neue Unternehmenskultur einsetzen, die als gutes Vorbild für andere Organisationen dienen kann. Den Missbrauch von

Freiheit hinsichtlich der Vertragsgestaltung der Geschäftsführung und der Übernahme von multiplen Rollen einzelner Kollegen und Mitarbeiter werde ich ein Ende setzen, damit sich diese Leute auf ihr Engagement einzig und allein in der Goldberg AG konzentrieren können. Diejenigen, die Millionen an Gehalt und ein Dutzend Posten in der Wirtschaft beanspruchen, sollen in der Goldberg AG nicht weiter erwünscht sein. Was zeichnet aber darüber hinaus das gute Banking und das gute Fondsgeschäft aus?

Midas: Ich muss Sie darauf hinweisen, dass Ihre Redezeit bald abgelaufen ist.

Momos: Er kann auch meine Redezeit haben.

Valerius: Was zeichnet das gute Banking und das gute Fondsgeschäft aus? Ich habe es schon angedeutet. Es ist die Rücksicht auf moralische Fragen. Es ist die Rücksicht auf qualitative Maßstäbe statt nur auf Rendite und Risiko zu blicken. Ich möchte die Ideen im Bereich des Impact Investings aufnehmen: „Das Moderne Investment wird durch qualitative Komponenten hinsichtlich sozialer und ökologischer Faktoren neben Rendite und Risiko ergänzt. Die Formel für ein erfolgreiches Investment würde lauten: Rendite+Risko+Impact!". Im Rahmen meiner Bemühungen des Kulturwandels würde ich diesen Ansatz in der gewöhnlichen Bank- und Fondspraxis eingliedern. Investitionen ohne die Berücksichtigung sozialer und ökologischer Faktoren würde meine Bank nicht tätigen. Mit mir wäre z.B. Schluss mit Investitionen in umweltzerstörende Technologien und Schluss mit Investitionen in Unternehmen, die Menschen- und Arbeitnehmerrechte ignorieren. Folglich würde der Ausbau des ETF Geschäfts nicht weiter unterstützt werden, da ETF Investitionspraxis nicht nur qualitative Analysen vernachlässigt, sondern nicht einmal seine zur Verfügung stehenden Stimm- und Eigentumsrechte an Unternehmen nutzt. Manchmal erfolgen sogar die Investitionen eines ETF in sogenannte SWAPs, die überhaupt keine echte Investition in Aktien oder Anleihen von Unternehmen oder Staaten darstellen, sondern nur die Wette von zwei Finanzmarktspekulanten, die ihre Zahlungsströme aufgrund der Entwicklung des zugrundeliegenden Basiswertes austauschen. Bedauerlicherweise ist gutes Investieren bei ETFs kategorisch ausgeschlossen.

Midas: Was möchten Sie uns noch erzählen? Ihre Redezeit ist bald abgelaufen.

Valerius: Ich möchte sagen, dass der Wert von Freiheit und Demokratie in einer sozialen Marktwirtschaft nur dann zur Geltung kommen kann, wenn Bürger und ihre Organisationen sich für diese Werte täglich einsetzen. Neben dem guten Banking und guten Fondsgeschäft (also die Förderung von Qualität) und der maßvollen Ausgestaltung von Verträgen und der maßvollen Rollenverteilung, muss natürlich ein Wertekatalog existieren, der Marktmanipulationen, die Geldwäsche oder die Mithilfe zur Steuerhinterziehung verbietet. Wir müssen unsere Kunden und Anleger ausdrücklich darauf hinweisen, dass wir solche Taten nicht tolerieren und mit dem Ende der Geschäftsbeziehung unmittelbar drohen. Außerdem dürfen wir nicht als Investmentbank unsere Kunden und Anleger ermutigen Firmen zu gründen, die nur einen Briefkasten in irgendeiner Steueroase besitzen. Es ist kein Verbrechen eine Firma Offshore zu gründen, aber eine Firma muss irgendeinen Geschäftszweck erfüllen, außer die Ausnutzung von steuerlichen Vorteilen gegenüber anderen Jurisdiktionen. Unternehmensstrukturen, die nur den gezielten Austausch von Zahlungsströmen mit dem Ziel der Steuerreduzierung haben, wie z.B. ein Dutch Sandwich oder Double Irish halte ich für extrem fragwürdig und es ist wirklich bedenklich, dass in diesem Geschäft nicht nur kleine Unternehmen vertreten sind, sondern teilweise die größten Konzerne der Welt. Sicherlich ist das ein Thema, wo unsere Macht begrenzt ist, aber wir können den Gesetzgeber bitten ihre Steuer- und Finanzmarktgesetze zu überarbeiten. Statt zu viel Zeit in die Steueroptimierung zu stecken, möchte ich mehr Zeit zum nachdenken finden für bessere Investitionen in ökologisch und sozial sinnvolle Projekte. Zum Schluss möchte ich noch ein paar Worte bezüglich des Corporate Social Responsibility Programms verlieren: Es darf nicht sein, dass wir mit den CSR Programmen Schäden kompensieren, die wir selbst zu verantworten haben. Den Menschen gezielt die Lebensgrundlagen zu entziehen durch skrupellose Investitionen um danach mit Spenden auf sich aufmerksam zu machen, ist ein perverses Marketing und muss sofort geändert werden. Wir müssen von Investitionen Abstand nehmen von denen wir wissen, dass sie schlechte soziale und schlechte ökologische Auswirkungen erzielen. Unsere CSR Programme dürfen nicht kompensieren, sondern sie müssen wirklich das Projekt fördern. Sonst laufen wir Gefahr der Doppel Moral zu unterliegen. Unsere Integrität wäre sofort zerstört. Deshalb bitte ich sie gegen die Entlastung des Vorstandes zu stimmen und mich in den Aufsichtsrat zu wählen. Vielen Dank für ihre Aufmerksamkeit.

Midas: Vielen Dank für Ihre Rede. Als nächster Redner steht nun ein Vertreter von Redrock auf der Liste.

Redrock: Liebe Aktionäre, Wir sind der größte Vermögensverwalter der Welt mit einem zu verwaltenden Vermögen von 3,5 Billionen Dollar zum Ende des Jahres 2012 mit weiter stark steigender Tendenz. Bei Goldberg sind wir der größte Einzelaktionär mit einem Anteil von nun rund 40%. Wir haben das Unternehmen aus der Krise geholt und es zu einem bekannten Anbieter von ETF gemacht. Die Goldberg AG profitiert in allen Geschäftsbereichen von unserem Engagement. Nicht nur das Fondsgeschäft läuft gut. Auch die Handelsaktivitäten und das M&A Geschäft boomen. Seit unserem Einstieg im Jahr 2009 konnten wir die Profitabilität jedes Jahr steigern und heute steht der Aktienkurs wieder bei über 100 Euro. Der Unternehmenswert liegt damit bei über 500 Millionen Euro. Das Engagement von Valerius in der Goldberg AG zwingt uns allerdings unser Engagement zu überdenken. Im Gegensatz zu Valerius verfolgen wir keinen Kulturwandel und wir halten an das stark wachsende ETF Segment fest.

Momos: Ihr seid doch verrückt!

Redrock: Warum brauchen wir keinen Kulturwandel? Wir sind der Meinung, dass unser Geschäftszweck darin besteht Geld zu vermehren für uns und unsere Anleger. Unser Erfolg basiert auf leistungsgerechten Vergütungssystemen und der effizienten Führung von Investitionsvehikeln weltweit. Eine umfangreiche soziale oder ökologische Verantwortung lehnen wir ab, weil dazu keine vertragliche Verpflichtung besteht. Alle anderen Spielregeln werden uns von den Staaten gesetzt und bis jetzt können wir sagen, dass wir uns immer an die Regeln gehalten haben. Offensichtliche Straftaten wie Geldwäsche, Marktmanipulationen oder Steuerhinterziehung werden von uns auch nicht ausgeübt. Sie können beruhigt sein, denn wir haben entsprechende Risikokontrollen eingerichtet. Nichtsdestotrotz bleiben wir realistisch: Das ideale Bild, das uns Valerius präsentierte, halten wir für utopisch für Goldberg als auch für Redrock und die gesamte Branche. Freiheit ist Grundvoraussetzung für unsere Geschäfte und wenn einzelne Marktteilnehmer ihre Freiheit missbrauchen, dann ist das bedauerlich, aber nicht weiter tragisch, solange es unsere Geschäfte nicht belastet. Wir sind uns sicher, dass Straftaten von den zuständigen Justizbehörden verfolgt werden. Insofern glauben wir an eine begrenzte Verantwortung unseres Unternehmens gegenüber sozialen oder ökologischen Missständen. Schließlich sind wir keine Umweltaktivisten, Menschenrechtler oder Tierschützer, sondern Investmentbanker und Fondsmanager. In Bezug auf die Debatte mit Steuersündern glauben wir nicht, dass wir verantwortlich sein könnten für unsere Anleger, die unehrliche oder unvollständige Angaben in ihrer Steuererklärung machen. Wir sind schließlich keine Steuerberater, sondern Investmentbanker und Fondsmanager.

Momos: Ihr seid ein schlechtes Vorbild!

Redrock: In Bezug auf unsere Investments kann ich sagen, dass wir innerhalb der 3,5 Billionen unterschiedlichste Asset Klassen verwalten. Unsere Fonds investieren weltweit in Aktien, Anleihen, Immobilien, Rohstoffe und Derivate. Jeder Fonds besitzt seine eigene individuelle Strategie, aber jeder Fonds informiert seine Anleger über Chancen und Risiken mit Hilfe von Jahresberichten, Verkaufsprospekten und vielen Informationsbroschüren. Unsere Anleger besitzen einen transparenten Informationszugang und die Freiheit sich ihren Lieblingsfonds auszuwählen. In der Tat gibt es auch ganz besondere Fonds, die einen Investmentvertrag mit ihren Anlegern geschlossen haben, die umfangreiche Aufwendungen für die Betreuung des Fondsvermögens erlauben. Flüge mit Privatjets und Booten gehören genauso dazu wie Spesenabrechnungen in Luxushotels. Erfolgsabhängige Vergütungen sind dort gewöhnliche Praxis. Das ist allerdings eine Seltenheit und betrifft nur ein paar ausgewählte Fonds und ausgewählte Fondsmanager, die einen ganz bestimmten Kundenkreis bedienen und ein ganz bestimmtes Investitionsspektrum besitzen. Viel wichtiger ist, dass in letzter Zeit sich viele Anleger für ETFs interessieren, also Fonds, die die Performance eines Indizes abbilden. Es sind passive Fonds, die ohne vorhergehende Analyse, Wertpapiere eines zugrundeliegenden Index kaufen oder diese Performance mit Hilfe von SWAP Vereinbarungen nachbilden. Was zählt, ist einzig und allein die Performance Abbildung des Index. Es findet keine aktive Betreuung durch einen Fondsmanager statt. Stimm- oder Eigentumsrechte werden in vielen Fällen einfach abgetreten oder es wird dem Willen der Schuldner bzw. Geschäftsführer gefolgt. Außerdem können viele Handlungsentscheidungen voll automatisiert von Computern übernommen werden. Es spart uns viele Kosten und diesen Kostenvorteil geben wir an unsere Anleger weiter. Es erspart uns auch rechtliche Auseinandersetzungen mit unseren Anlegern, da es keinen Fondsmanager gibt, der falsche Entscheidungen treffen könnte. Insofern möchte ich darauf hinweisen, dass unsere Anleger uns beauftragen unter bestimmten Bedingungen ihr Geld zu verwalten und wir halten uns an diese Bedingungen. Wenn die Anleger ein passives Investitionsverhalten wünschen, dann machen wir das.

Momos: Das passive Investieren ist extrem schlecht für unsere Gesellschaft. Ihr löst soziale und ökologische Missstände aus. Ihr schafft eine miserable Investitionskultur. Ihr seid ein schlechtes Vorbild.

Midas: Ich bitte darum, dass die anderen Aktionäre die Zwischenrufe unterlassen. Vielen Dank.

Redrock: Zusammenfassend möchten wir sagen, dass wir keinen Kulturwandel für nötig halten, da wir glauben, dass es zu gegebener Zeit rechtliche Konsequenzen für diejenigen geben wird, die gegen Gesetze verstoßen haben. Der Markt wird sich selbst bereinigen. Außerdem halten wir am stark wachsenden ETF Segment fest. Unser Ziel ist es die Goldberg AG zu einem Marktführer im ETF Business zu entwickeln.

Momos: Warum schauen sich die Aktionäre die Geschäftspraktiken nicht genauer an? Umweltkatastrophen, Schulden-, Finanz- und Flüchtlingskrisen sind häufig von der Goldberg AG mit ausgelöst.

Unterstützer A von Redrock: Wir erhalten dieses Jahr wieder eine Dividende und der Aktienkurs ist wieder über 100 Euro. Hören Sie nicht auf Valerius und Momos. Wir bedanken uns für die Unterstützung von Redrock.

Unterstützer von Valerius: Valerius und Momos haben Recht. Wir brauchen einen Kulturwandel. Wir sollten uns auch mit den sozialen und ökologischen Folgen einer Investition auseinandersetzen. Die Ansprüche gegenüber Fondsmanager und Investmentbankern sind eben gewachsen. Wir erwarten von unseren Bankern ein tiefes interdisziplinäres Verständnis für ökonomische, ökologische, soziale und politische Zusammenhänge. Wenn unsere jetzige Geschäftsführung diesen Anforderungen nicht gewachsen ist, dann müssen talentierte Nachwuchskräfte ausgebildet werden. Das Vergütungssystem und die vielen Nebentätigkeiten unserer Geschäftsführung kann ich nicht nachvollziehen. Valerius und Momos sollen unsere Geschäftsführung stellen.

Midas: Die Redezeit von Redrock ist noch nicht abgelaufen. Ich bitte um Ruhe.

Redrock: Wir möchten den Aktionären ein Angebot machen: Wir möchten die Goldberg AG vollständig zu einem Preis von 120 Euro je Aktie übernehmen. Die Goldberg AG bewerten wir somit auf 600 Millionen Euro.

Unterstützer A von Redrock: Ich verkaufe meine Goldberg Aktien an Redrock. Lenken Sie das Unternehmen in die Zukunft der passiven Investitionen. Ich werde mein Geld in diese Fonds stecken.

Unterstützer von Valerius: Valerius machen Sie uns ein Angebot. Wir verkaufen an Sie. Auf jeden Fall stimmen wir für Sie, damit Sie in den Aufsichtsrat oder die Geschäftsführung der Goldberg AG treten. Rendite- und Risikomodelle müssen durch eine qualitative Wirkungskraft ergänzt werden. Soziale und ökologische Folgen unserer Investitionen müssen berücksichtigt werden. Übertragen Sie die Idee des Impact Investings in die Praxis der traditionellen und gewöhnlichen Investitionen. Wir brauchen Veränderungen!

Unterstützer B von Redrock: Wir verkaufen für 120 Euro je Aktie an Redrock. Utopien gehören in ein Märchenbuch. Ich scheiß auf Valerius und Momos. Geld hat mich noch nie enttäuscht. Mit meinen Aktien möchte ich jetzt Kasse machen.

Momos: Du bist doch selber eine Märchenfigur. Du bist ein Opfer des Mammons. Mit guten Investitionen könnte man genauso viel Geld verdienen bei viel weniger Risiko. Außerdem seien Sie nicht so naiv zu glauben, dass man mit Geld alles kaufen könnte. Machen Sie nicht nur das Geld zum Maßstab eines guten Lebens.

Unterstützer B von Redrock: Ich will nicht genauso viel Geld verdienen. Ich will mehr Geld verdienen. Ich scheiß auf deine Märchenstunde, Momos.

Midas: Wir unterbrechen die Versammlung und setzen in 30 Minuten fort.

Das Ende der Goldberg AG

Frankfurt am Freitag, den 7. Juni 2013. Nach der Hauptversammlung diskutieren Midas, Hades, Krösus und Ikarus über die Zukunft der Goldberg AG.

Midas: Was soll ich sagen?

Hades: Wirst du das Angebot von Redrock annehmen?

Midas: Warum muss Valerius in unser Unternehmen platzen? Die Goldberg AG befindet sich auf einem ausgezeichneten Wachstumskurs. Unsere Aktien könnten die nächsten Jahre noch weiter steigen.

Krösus: Redrock möchte die Goldberg AG zu einem reinen ETF Anbieter umgestalten mit kleiner Handelsabteilung. Wir sollen schrumpfen und profitabler werden.

Ikarus: Welchen Geschäftsbereich werde ich nun verantworten als neues Vorstandsmitglied?

Midas: Du kümmerst dich um die IT-Sicherheit. Hast du jetzt endlich einen Überblick über unsere Systeme und Datenbanken?

Ikarus: Ja. Ich komme zu dem Ergebnis, dass wir innerhalb unseres Konzerns keine signifikanten Risiken für einen Datenverlust oder Datendiebstahl besitzen. Wir besitzen ein mehrstufiges Sicherheitssystem mit verschlüsselten Datenräumen. Unsere verschlüsselten Tresore befinden sich sozusagen in verschlüsselten Tresoren. Zugriffe werden 24 Stunden überwacht. Ich habe aber herausgefunden, dass unsere ausländischen Steuerberater unsere Kundendaten etwas sorglos archivieren. Das Risiko kommt also von unseren Geschäftspartnern.

Midas: Naja. Redrock ist ja auch der Meinung, dass unsere Verantwortung bei der Steuererklärung unserer Kunden begrenzt ist. Unsere Kunden haben selbst die Verantwortung ihre Steuererklärung vollständig und ehrlich abzugeben. Wir sind keine Steuerberater, sondern Fondsmanager und Investmentbanker. Was ist mit unserer Konzernstruktur und der Steuererklärung unseres Konzerns? Wer kümmert sich um diese Sachen?

Ikarus: Unsere Strukturen sind steuerrechtlich einwandfrei. Sowohl unser Konzernabschluss als auch die Einzelabschlüsse unserer Tochtergesellschaften werden von einem Wirtschaftsprüfer kontrolliert. Es gibt keine Prüfungsvermerke. Ich habe allerdings auch hier die Befürchtung, dass unsere Steuerberater im In- und Ausland unsere Daten etwas sorglos archivieren.

Midas: Wenn rechtlich alles einwandfrei ist, dann gibt es keinen Grund sich Sorgen zu machen. Wenn irgendein Steuerberater oder Wirtschaftsprüfer seine Sorgfaltspflichten nicht erfüllt, dann werden wir sie verklagen und unseren Vertrag mit diesen Idioten einfach kündigen.

Hades: Also ich verkaufe meine Aktien an Redrock und verlasse die Goldberg AG. Ich geh nach London und werde mit Gokos wahrscheinlich einen Private Equity Fonds gründen. Vielleicht mache ich dann auch 900 Millionen Pfund in 10 Jahren. Das ETF Geschäft ist einfach zu langweilig und Fondsmanager sind in diesem Segment völlig überflüssig.

Krösus: Ich werde auch meine Aktien an Redrock verkaufen. Redrock räumt unsere M&A Sparte sowieso nicht die große Zukunft ein. Ich werde das Unternehmen verlassen und gehe dann nach New York und arbeite für die Golden Boys im M&A direkt an der Wall Street.

Midas: Was wird Valerius machen? Verkauft er auch an Redrock oder bleibt er im Boot?

Hades: Ich vermute, er wird verkaufen. Der Preis für die Goldberg AG ist etwas zu hoch für ihn. Falls er seine Aktien behalten sollte, wird er nicht die Mehrheit am Unternehmen besitzen, da Redrock in Kürze wahrscheinlich über 50% an dieser Firma halten wird. Da unser Fondsgeschäft extrem abhängig von Redrock geworden ist, kann Redrock das Geschäft diktieren. Valerius wird in der Goldberg AG keinen bedeutenden Einfluss nehmen können. Seine Ideale wird er nicht in der Goldberg AG verwirklichen.

Krösus: Eigentlich waren diese Ideale von Momos oder nicht?

Midas: Ich scheiße auf die Ideale von Momos! Aber wenn alle Aktionäre an Redrock verkaufen, werde ich wahrscheinlich durch einen Squeeze Out gezwungen meine Anteile auch zu verkaufen, da ich weniger als 5% der Aktien halte. Ich werde zu 120 Euro je Aktie verkaufen müssen. Es ist doch zum kotzen. Eines Tages werde ich diesen Momos und diesen Valerius noch umbringen. Unser Handelsergebnis und das Fondsgeschäft würden in den nächsten Jahren boomen. Meine Aktien könnten wahrscheinlich 500 Euro wert sein. Ich könnte ausrasten, wenn ich gezwungen werde zu verkaufen. Ich will nicht verkaufen.

Krösus: Du wirst verkaufen müssen, wenn alle anderen Aktionäre an Redrock verkaufen.

Hades: Da unser Geschäft mittlerweile stark von Redrock abhängt, sind 120 Euro je Aktie ein guter Preis. Ich verabschiede mich von euch. Mein Flug geht in 30 Minuten.

Midas: Wo fliegst du hin?

Hades: Ich fliege nach Griechenland auf eine wunderschöne Insel und genieße den Sommer am Meer.

Krösus: Ich muss mich auch verabschieden. Mein Flug geht auch in 30 Minuten.

Midas: Wo fliegst du denn hin?

Krösus: Ich fliege in die Karibik. Ich habe mich für ein Poker Turnier mit ein paar bekannten Fußballspielern und ihren Beratern angemeldet. Ich habe letzte Woche ein paar Megatransfers eingefädelt und jetzt möchte ich meinen Anteil in Bar ausgezahlt bekommen. Das ganze natürlich steuerfrei im Rahmen eines Pokerturniers. Buy-In beträgt 10 Millionen Euro. Auf wiedersehen.

Midas: Ihr seid solche Arschlöcher.

Ikarus: Was machen wir jetzt Midas?

Midas: Hast du wenigstens einen guten Vertrag mit dem Aufsichtsrat aushandeln können?
Ikarus: Mir wurde gesagt, dass meine Vorstandstätigkeit zum Zeitpunkt der vollständigen Übernahme der Goldberg AG beendet wird. Also, ich werde dann entlassen.

Midas: Hast du wenigstens ein gutes Gehalt aushandeln können?

Ikarus: Ich verdiene genauso viel wie vorher als Vize Präsident.

Midas: Hast du in deinem Leben jemals gelernt zu verhandeln?

Ikarus: Ich bin doch kein Händler! Ich mach doch nur was du mir sagst.

Midas: Ich raste aus. Verdammte scheiße. Soll jetzt alles vorbei sein? Hades ist weg und Krösus ist weg.

Ikarus: Wir könnten doch eine neue Bank gründen?

Midas: Mit dir kann ich höchstens eine Pommes Bude aufmachen. Ich lege mein Amt als Vorstand nieder. Ikarus, du bist jetzt alleiniger Vorstand der Goldberg AG. Herzlichen Glückwunsch.

Ikarus: Also wenn ich nach der Übernahme dann entlassen bin, kann ich dich dann anrufen wegen der Pommes Bude?

Midas: Jaja...Denk dir schon einmal einen Namen aus. Vielleicht McDoof?! Auf Wiedersehen.

Das Abschlussprotokoll für das Jahr 2013

Frankfurt am Sonntag, den 7. Juli 2013, um 15 Uhr. Valerius informiert Momos über seinen Investitionsverlauf bei der Goldberg AG und seinen Plan über die Gründung eines neuen Investmentfonds.

Momos: Wie hast du dich entschieden, Valerius? Das Angebot von Redrock läuft am Montag aus.

Valerius: Wir müssen realistisch bleiben. Redrock hat vorläufig mehr als 45% der Anteile in seinen Besitz genommen. Würde ich meine Optionen ausübe, dann wäre ich mit 25% nicht in der Lage das Unternehmen maßgeblich zu beeinflussen. Ich konnte kein Gegenangebot starten, weil ich den Preis von über 120 Euro je Aktie nicht überbieten kann. Dazu fehlen mir die finanziellen Mittel.

Momos: Hast du nicht genug Geld in der Kriegskasse? Gibt es keine Geschäftspartner, die du überzeugen könntest? Auf der Hauptversammlung hast du doch den Aktionären eine Übernahme in Aussicht gestellt.

Valerius: Ich muss zugeben, dass mein Übernahmeversuch nicht Ernst gemeint war. Ich habe wie bei einem Pokerspiel geblufft. Ich wollte Redrock aus der Reserve locken. Ich wollte ein Angebot von Redrock herausfordern. Ich hatte nie die Absicht die Goldberg AG vollständig zu übernehmen. Ich meine, es war vorauszusehen, dass Redrock einen Preis zahlen würde, den ich nicht überbieten kann.

Momos: Soll das heißen deine ganze Rede über den Kulturwandel und das idiotische ETF Geschäft waren nicht ernst gemeint?

Valerius: Doch natürlich war es ernst gemeint. Ich möchte an den geäußerten Prinzipien festhalten, aber ich kann nicht die Goldberg AG zu diesen Veränderungen zwingen, da ich keine Mehrheit an diesen Unternehmen besitze. Wenn ich gegen Redrock eine Übernahmeschlacht starten würde, dann würde ich die Schlacht wahrscheinlich verlieren. Redrock ist der größte Asset Manager der Welt. Das ist wie ein Kampf David gegen Goliath.

Momos: Ich kann das nachvollziehen. Goldberg ist auch extrem abhängig von Redrock geworden. Wenn du Goldberg kontrollieren könntest, dann würde Redrock dafür sorgen, dass das Fondsgeschäft und die Handelsaktivitäten bei Goldberg sofort reduziert werden. Dann würden uns wichtige Einnahmen fehlen und ein Kulturwandel braucht Zeit bis er sich am Markt durchsetzt. Gerade Midas, Hades und Krösus haben den Ruf der Bank extrem geschadet. Die plötzlichen Rücktritte der Vorstandsmitglieder sprechen für sich.

Valerius: Alle Drei verlassen das Unternehmen mit einem goldenen Fallschirm. Hades, Midas und Krösus erhalten eine Abfindung in Höhe von jeweils 6 Millionen Euro plus Kompensationen für entgangene Bonifikationen. Der Betrag entspricht ihren Gehaltsansprüchen bis zum Ende ihrer Vertragslaufzeit. Gerade Hades hat extrem gut gewirtschaftet und wird wahrscheinlich 10 Millionen Euro extra erhalten. Außerdem erlöst jeder zwischen 15 und 20 Millionen Euro durch den Verkauf ihrer Aktien. Das betrifft nur ihr Engagement bei der Goldberg AG. Ihre Gehaltsansprüche aus ihren Engagement aus diversen anderen Positionen in der Geschäftsführung und dem Aufsichtsrat multinationaler Konzerne ist nicht mit einberechnet. Allein die Goldberg AG hat diese Männer auf den Olymp des Geldes katapultiert.

Momos: Warum habe ich eigentlich nie einen Bonus bekommen?

Valerius: Da ist die Geschäftspolitik daran schuld. Wie ich aus meinen Unterlagen entnehmen kann, haben Midas, Hades und Krösus das Unternehmen sehr dominant geführt und einen großen Teil der Umsätze für sich beansprucht.

Momos: Der Verkauf deiner Aktien an der Goldberg AG zahlt sich aber auch aus, oder? Dein Anteil von 25% ist jetzt über 150 Millionen Euro wert.

Valerius: Von diesem Geld werde ich wahrscheinlich eine neue Fonds Gruppe gründen. Ich glaube, ich werde diese Fonds unter dem Namen MomosFunds führen und mich verstärkt für die Berücksichtigung sozialer und ökologischer Fragen einsetzen. Rendite + Risiko + Impact wird die neue Zauberformel lauten.

Momos: Wann wird es soweit sein?

Valerius: Nach dem nächsten Börsencrash werden sich die Menschen nach neuen Investitionsmöglichkeiten erkundigen. Traditionelle Investments mit dem Charakter von Impact Investments sollten von großem Interesse sein. Investitionen von MomosFunds werden beweisen, wie man mehr Lebensqualität produziert. Vielleicht werden mit Hilfe von Impact Investments auch die Millenniumsziele der Vereinten Nationen schneller erreicht. Eine Mischung aus gezielter Philanthropie und klassischen Investments gehört die Zukunft.

Momos: Wann gibt es den nächsten Börsencrash?

Valerius: Ich erwarte, dass die Zentralbanken in den nächsten Jahren sehr günstige Refinanzierungskonditionen schaffen werden, damit die Banken mit ihrer Kreditvergabe weiter expandieren. Irgendwann überschulden sich einzelne Wirtschaftsteilnehmer oder sie können die hohen Gewinn- und Umsatzerwartungen ihrer Aktionäre nicht erfüllen. Denn heutzutage beginnt doch eine Krise, wenn der Gewinn im Vergleich zum Vorjahr nicht gesteigert wurde. Egal wie viel Milliarden Gewinne und Umsätze erzielt wurden, es ist nie genug. Das ist die moderne kranke Spekulation. Diese moderne kranke Spekulation erlebt wohl bis zum Ende dieses Jahrzehnts eine banale passive Investitionswelle mit ETFs und irgendwelchen Derivaten. Alle Wertpapiere dieser Welt werden mit Hilfe von Computern in einem Rekordtempo gehandelt mit der einfachen Erkenntnis am Ende.

Momos: Welche Erkenntnis?

Valerius: Das Gewinne nur dann entstehen, wenn der Investor etwas günstig kauft und es jemanden anderen im Markt teurer verkauft oder durch regelmäßige Dividenden und Zinseinkünfte. Irgendwann erreichen wir einen so hohen Preis pro Vermögenswert, den sich keiner mehr leisten kann und dann müssen die Preise nach unten korrigiert werden. Es sei denn, passive Investoren kaufen blind zu immer höheren Kursen. Aber irgendwann ist der Zenit dann wirklich erreicht. Wenn einzelne Wirtschaftsteilnehmer noch mit Fremdkapital spekulieren, dann wird eine Panik am Markt losgehen, die Kurse völlig irrational in den Keller fallen. Und dann kommt die Zeit des Impact Investments und MomosFunds.

Momos: Unser Aufstand und unser Bemühen die Anleger aus ihrer selbstverschuldeten Unmündigkeit zu befreien, wird dann Früchte tragen.

Valerius: Ganz genau. Bei der Goldberg AG haben wir die Schlacht verloren, aber wir haben gute Chancen den Krieg zu gewinnen gegen Redrock und Co.

Momos: Wir dürfen unsere Visionen von einer besseren Investitionskultur nicht aufgeben. Wir müssen die Idee des Impact Investments weiter verbreiten und wir müssen auf die Maßlosigkeit einiger Manager aufmerksam machen, die zu immer größeren Spekulationen motivieren und ihre maßlose, gierige, selbstsüchtige, arrogante, korrupte und egoistische Art in andere Gesellschaftsbereiche transferieren. Wir müssen unsere Kultur vor dem sozialen Abstieg bewahren.

Valerius: Wir müssen wirklich für eine bessere Investitionskultur kämpfen.

Momos: Jeder soll wissen, dass wir lieber aufrecht sterben als auf Knien zu leben. Wir werden uns gegen die Finanzmarktspekulation wehren und neue qualitative Maßstäbe setzen.

Valerius: Auf geht's in den Kampf mit MomosFunds.

Glossar

Aktienindex ist eine rechnerische Referenzgröße, die die Aktienkursentwicklung einer festgelegten Anzahl von Aktien abbildet. Bekannte Aktienindizes sind der DAX, EuroStoxx oder Dow Jones.

Andrew Lahde ist ein ehemaliger Hedge Fund Manager, der einen berühmt berüchtigten Abschiedsbrief an seine Anleger verfasste und der öffentlich für Aufsehen sorgte, weil er die Finanzeliten an der Wall Street völlig lächerlich machte.

Asset Backed Securities (kurz ABS) ist ein forderungsbesichertes und zinstragendes Wertpapier. Ein ABS verbrieft eine Forderung gegenüber einer Zweckgesellschaft und ist mit ausgewählten Forderungen der Zweckgesellschaft gegenüber Dritten abgesichert. Somit werden Zins- und Tilgungsleistungen an die Zweckgesellschaft an den Inhaber der ABS weitergeleitet abzüglich einer Marge. Näheres regeln die Vertragsbedingungen.

Aktie ist ein Wertpapier, welches ein Anteil am Grundkapital an einem Unternehmen bzw. einer Aktiengesellschaft verbrieft. Als Aktionär ist man Miteigentümer einer Aktiengesellschaft und in der Regel stimmberechtigt. Aktien dienen der Eigenkapitalfinanzierung. Näheres regelt das Aktiengesetz.

Anleihe ist ein Wertpapier, welches eine zinstragende Forderung gegenüber einem Schuldner verbrieft. Im

Vergleich zu einer Aktie verbriefen Anleihen kein Eigentumsrecht am Unternehmen. Anleihen dienen der Fremdkapitalfinanzierung. Näheres regeln die Anleihebedingungen.

Albert Dittar ist ein fiktiver Investmentbanker.

Analandor ist ein fiktiver Einzelhandelskonzern aus Deutschland.

Arbitrage bezeichnet man das Ausnutzen von Preisunterschieden für gleiche Waren auf unterschiedlichen Märkten.

Auf sich selbstlautende Schuldverschreibungen sind sogenannte Solawechsel, die eine spezielle Form von Wechselurkunden darstellen. Der eigene Wechsel ist ein unbedingtes Zahlungsversprechen. Der Aussteller der Schuldverschreibung verpflichtet sich, eine bestimmte Geldsumme an einen bestimmten Zeitpunkt an den in der Wechselurkunde benannten Begünstigten zu zahlen. Bei Banknoten ist der Austeller die Zentralbank, die sich verpflichtet eine bestimmte Geldsumme jederzeit an den Inhaber der Banknote zu zahlen. Das Prinzip führt in der Praxis zu der Situation, dass eine 100 Dollar Banknote das Recht verbrieft, bei Rückgabe an die Zentralbank 100 Dollar zu erhalten. Dieser komische Ausgang lässt sich nur durch die geschichtliche Entwicklung vom Bank- und Geldwesen erklären. In der Vergangenheit verbriefte nämlich eine 100 Dollar Banknote das Recht auf die Ausgabe von Metall im Wert von 100 Dollar, was heutzutage aber aufgehoben ist. Wenn man sich vergegenwärtigt, dass z.B. die Geschichte des US Dollars auf die spanischen silbernen Dollaros zurück geht, welche als

Hauptwährungseinheit und Zahlungsmittel im amerikanischen Münzgesetz vom 2. April 1792 (Coinage Act of 1792) bestimmt wurde, dann wird der Sinn über das Recht zur Ausgabe von Metall im Wert von 100 Dollar verständlich. Bis heute wurden allerdings die Gesetze über das Geldwesen mehrfach verändert. Siehe weitere Erklärungen zu: Geld, Währung und Zentralbank.

Banglo Bank ist eine fiktive Geschäftsbank aus Irland.

Barwert ist der rechnerische Wert, der sich aus der Abzinsung eines Zahlungsstromes ergibt.

Basiswerte dienen als Referenzgröße für derivative Finanzinstrumente. Basiswerte können Wertpapiere (Aktien, Anleihen usw.), finanzielle Kennzahlen (Zinssätze, Indizes usw.) oder Handelsgegenstände (Rohstoffe, Devisen, Edelmetalle usw.) sein.

Bernard Madoff war ein US-amerikanischer Anlagebetrüger und ehemaliger Börsenmakler. Ende 2008 wurde er verhaftet.

Börse ist nach bekannten gesetzlichen Definitionen ein organisierter Markt. Anders als im so genannten außerbörslichen Handel (over the counter oder kurz OTC-Handel) wird der Handel an der Börse aufsichtsrechtlich durch staatliche Aufsichtsämter sowie durch die Handelsüberwachungsstellen des Börsenbetreibers kontrolliert.

Bimco ist eine fiktive Fondsgesellschaft.

BUBS ist eine fiktive Schweizer Investmentbank mit Niederlassung in London.

Bumme ist Mitglied der Geschäftsführung der Banglo Bank aus Irland.

Call Option ist eine Kauf Option auf einen vorher festgelegten Basiswert zu einem heute festgelegten Preis an einem bestimmten Fälligkeitstermin in der Zukunft (europäische Option) oder während der Laufzeit (amerikanische Option). Eine Option ist ein bedingtes Termingeschäft und gehört damit zur Gruppe der Derivate. Der Optionsinhaber, der die Call Option zu einem bestimmten Preis (Prämie) vom Stillhalter (Optionsverkäufer) gekauft hat, entscheidet einseitig, ob er die Call Option gegen den Stillhalter ausübt oder sie verfallen lässt.

CFD ist die Abkürzung für Contract for Differences und gehören zur Gruppe der Derivate. CFDs sind SWAPs, die OTC gehandelt werden. Der Zahlungsstrom hängt von der Entwicklung des zugrundeliegenden Basiswert ab. CFDs sind eine moderne Form von Finanzwetten, insbesondere für Privatanleger. Der Käufer eines CFD schließt eine Vereinbarung mit dem Verkäufer, indem er mit dem Kauf auf steigende Preise eines Basiswertes wettet im Vergleich zum Verkäufer, der auf fallende Preise bei dem selben Basiswert wettet.

Credit Default Swap (kurz CDS) ist ein spezieller SWAP. Es ist ein Vertrag zwischen zwei Parteien, der Bezug auf einen Referenzschuldner (als Basiswert) nimmt. Das CDS ist insofern ein Derivat, das einer Kreditausfallversicherung ähnelt. Die eine Vertragspartei (Sicherungsnehmer) zahlt eine festgelegte Prämie und die andere Vertragspartei (Sicherungsgeber) zahlt eine festgelegte Ausgleichszahlung, sofern der in dem CDS-Vertrag bezeichnete Referenzschuldner ausfällt. Im Gegensatz zur Kreditausfallversicherung erhält allerdings der Sicherungsnehmer die Ausgleichszahlung beim Zahlungsausfall des Referenzschuldners unabhängig davon, ob ihm durch den Ausfall des Referenzschuldners überhaupt ein Schaden entsteht. In anderen Worten handelt es sich bei einem CDS um eine Wette auf den Ausfall bzw. Nicht-Ausfall eines vorher festgelegten Referenzschuldners.

Corporate Social Responsibility oder kurz CSR umschreibt das freiwillige soziale Engagement von Unternehmen in diverse Angelegenheiten. Es gibt aber keine allgemeingültige Definition und deswegen steht der Begriff CSR häufig in der Kritik. Im schlimmsten Fall werden CSR Programme missbraucht um die gewöhnlich schlechten Geschäftspraktiken eines Unternehmens zu verschleiern bzw. in irgendeiner Form zu kompensieren.

Dachfonds sind Investmentfonds, die in andere Investmentfonds investieren.

Daidalos ist mythologisch betrachtet der Vater von Ikarus und bekannt als brillanter Erfinder, Techniker und Baumeister. In der vorliegenden Geschichte ist Daidalos Senior Trader bei der Goldberg AG und der direkte Vorgesetzte von Momos.

Dax ist ein Aktienindex, der die Aktienkursentwicklung der 30 größten deutschen Aktiengesellschaften nach Marktkapitalisierung abbildet. Nähere Informationen zur Berechnung und Zusammensetzung des DAX finden sich auf der Website der deutschen Börsenbetreiber. Siehe auch: Aktienindex.

D&O Versicherung ist eine Vermögensschadenhaftpflichtversicherung, die ein Unternehmen für seine Organe und leitenden Angestellten abschließt. Es handelt sich um eine spezielle Art von Berufshaftpflichtversicherungen.

DCF bezeichnet das Discounted Cashflow Modell. Es ist ein mathematisches Verfahren zur Bewertung von Finanzvermögen. Die zukünftig zu erwartenden Zahlungsströme des Vermögensgegenstandes werden mit einem frei wählbaren Zins diskontiert und ergeben den sogenannten rechnerischen Barwert.

Derivate sind Finanzinstrumente, deren Preis sich von dem Preis einer marktbezogenen Referenzgröße ableitet. Die Referenzgröße wird als Basiswert bezeichnet.

Dividende ist ein Teil des Gewinns, den eine Aktiengesellschaft an ihre Aktionäre ausschüttet.

DotCom-Blase bezeichnete die Spekulationsblase mit Unternehmensanteilen aus dem IT-Bereich. Im März 2000 erreichte die Blase ihren Höhepunkt.

Double Irish und Dutch Sandwich ist der Name für ein Steuersparmodell.

Dowe ist Mitglied der Geschäftsführung der Banglo Bank aus Irland.

Eigenkapitalinstrumente verbriefen Rechte am Eigenkapital eines Unternehmens. Klassisches Beispiel für ein Eigenkapitalinstrument ist die Aktie. Eigenkapitalinstrumente sind der Gegenbegriff zu Fremdkapitalinstrumenten.

Eku Boboli ist Angestellter der Schweizer BUBS Bank und Mitglied im Delta 1 Team. Er ist zuständig für das Hedging des ETF Geschäfts.

Elysium ist mythologisch betrachtet, die Insel der Seligen.

Enrique ist ein Investmentbanker und Wertpapierhändler aus Madrid.

Enron ist ein ehemaliger Energiekonzern aus den USA. Ende 2001 meldete das Unternehmen Insolvenz an. Das Unternehmen war in zahlreiche Skandale verwickelt. 2005 erschien ein Dokumentarfilm über Enron.

ETF ist eine Abkürzung für Exchange Traded Funds. Es handelt sich um ein passives Investmentfondsvermögen, das die Performance eines bestimmten Index nachbilden soll. Momos kritisiert ETFs mit der Begründung, dass sie verantwortungslose Investmentstrategien verfolgen, da die Stimm- und Eigentumsrechte der zugrundeliegenden Wertpapiere nicht gewissenhaft ausgeübt werden und daher soziale und ökologische Probleme unausweichlich sind.

Euribor ist ein Referenz-Zinssatz für Termingelder in Euro im Interbankengeschäft.

Fremdkapitalinstrumente verbriefen Rechte am Fremdkapital eines Unternehmens. Klassisches Beispiel für ein Fremdkapitalinstrument ist die Anleihe oder ein Kredit. Fremdkapital ist der Gegenbegriff zu Eigenkapital.

Forderungen gehören im Finanzjargon zu einer Verbindlichkeit in gleicher Höhe.

Future ist ein börsengehandeltes unbedingtes Termingeschäft und gehört zur Gruppe der Derivate.

Galaktika ist eine fiktive Baumarktkette.

Geld ist nach allgemeiner Auffassung ein Zahlungsmittel oder Tauschmittel mit Wertaufbewahrungsfunktion und Rechenfunktion. Geld dient in der Betriebs- und Volkswirtschaft als Wertmaßstab. Traditionell werden Edelmetalle oder Währungen oder davon abgeleitete Forderungen bzw. Verbindlichkeiten als Geld bezeichnet. Theoretisch könnte ein Honigglas als Geld dienen, jedoch wird es allgemein nicht als Geld anerkannt. Insofern benötigt Geld auch eine rechtliche Anerkennung unter den Wirtschaftsteilnehmern. In anderen Worten ist nur das Geld als Geld zu bezeichnen, an das die Menschen glauben und es tatsächlich als Geld anerkennen, notfalls durch eine gesetzliche Vorgabe. Siehe weitere Erklärungen zu: Auf sich selbstlautende Schuldverschreibungen, Währung und Zentralbank.

Giovanni ist ein Investmentbanker und Wertpapierhändler aus Mailand.

Glattstellen bezeichnet eine Handlung bei der eine offene Handelsposition durch eine entgegengesetzte Transaktion neutralisiert wird.

Glory Global Investors ist eine fiktive Investmentgesellschaft mit großem Angebot an ETFs.

Gokos ist ein fiktiver Hedge Fund Manager aus London.

Goldberg AG oder die Goldberg Investmentbank AG ist in der vorliegenden Geschichte eine fiktive Investmentbank aus Frankfurt. Die Bank wurde von Midas, Hades und Krösus im Jahr 2001 gegründet und später von Redstone übernommen und an die Börse gebracht. Redrock rettet die Investmentbank vor dem Bankrott.

Goldene Fallschirme sind eine Bezeichnung für großzügige finanzielle Abfindungen.

Gorilla Bank ist eine Anspielung an eine ehemalige Investmentbank aus New York.

Gorilla ist der Spitzname des letzten Vorstandsvorsitzenden der Gorilla Bank.

Hades ist mythologisch betrachtet der Totengott und Herrscher über die Unterwelt. In der vorliegenden Geschichte ist Hades Mitglied der Geschäftsführung der Goldberg AG und Gründer der fiktiven Hades Investmentgesellschaft aus New York. Hades ist bekannt als skrupelloser Fondsmanager.

Hades Investment Management oder Hades Investmentgesellschaft ist eine fiktive Vermögensverwaltungsgesellschaft aus New York.

Heaven Asset Management ist eine fiktive britische Investmentgesellschaft.

Hedging bezeichnet das Absichern von Preisveränderungsrisiken.

Hedge Fund ist ein alternativer Investmentfonds, der in der Regel in überdurchschnittlich viele derivative Finanzinstrumente investiert. Im Vergleich zu UCITS Fonds besitzen Hedge Funds weit weniger bis keine Anlagegrenzen. So sind auch direkte Investitionen in Rohstoffe oder Edelmetalle möglich. Ebenfalls sind Leerverkäufe möglich. Einzelheiten zur Anlagestrategie und den Anlagegrenzen ist aus dem Fonds- bzw. Verkaufsprospekt zu entnehmen.

Heaven Offshore ist eine fiktive Firma mit Sitz auf den Cayman Islands.

High Frequency Trading oder Hochfrequenz Handel bezeichnet den ultraschnellen An- und Verkauf von Finanzinstrumenten.

Ikarus ist mythologisch betrachtet der Sohn des Daidalos und bekannt für seinen übermütigen Versuch nach der Sonne zu greifen. In der vorliegenden Geschichte ist Ikarus der persönliche Assistent von Midas und Vize Präsident der Goldberg AG.

Impact Investing bedeutet wirkungsvolles Investieren. Es ist eine Investmentphilosophie, die neben Rendite und Risiko, Rücksicht nimmt auf soziale und ökologische Auswirkungen einer Investition. Momos bevorzugt Impact Investments.

Investmentbank ist eine spezielle Bank, die sich auf die professionelle Geld- und Kapitalanlage, sowie die Beratung konzentriert.

Investmentfonds ist ein rechtlich eigenständiges Sondervermögen, das zur weiteren Geldanlage dient. Ein Fonds sammelt das Geld seiner Anleger und investiert es in einem oder mehreren Anlagebereichen. Investmentfonds lassen sich in verschiedene Kategorien einteilen. Einzelheiten zur Anlagestrategie und den Anlagegrenzen sind aus dem Fonds- bzw. Verkaufsprospekt zu entnehmen.

Investmentgesellschaften oder Vermögenverwaltungsgesellschaften sind Firmen, die auf die professionelle Geld- und Kapitalanlage spezialisiert sind.

Kommissionshandel bezeichnet Wertpapiergeschäfte von Börsenteilnehmern im eigenen Namen, aber auf fremde Rechnung. Beispiele für den Kommissionshandel an der Börse sind die Wertpapiergeschäfte der Banken, die diese im Auftrag ihrer Kunden durchführen.

Krösus ist mythologisch betrachtet ein reicher und freigiebiger König. In der vorliegenden Geschichte ist Krösus Mitglied der Geschäftsführung der Goldberg AG. Krösus ist bekannt als skrupelloser M&A Berater und Pate zahlreicher Profifußballer und Wirtschaftsmanager.

Leerverkauf ist der Verkauf von Waren oder Finanzinstrumenten, über die der Verkäufer zum Verkaufszeitpunkt noch nicht verfügt. Um seine künftige Lieferverpflichtung erfüllen zu können, muss der Verkäufer sich bis zum Erfüllungszeitpunkt durch den Kauf oder die Leihe mit dem vereinbarten Finanzinstrument eindecken um ohne Lieferverzug an den Käufer liefern zu können. Leiht der Verkäufer die Waren oder Finanzinstrumente für den folgenden Weiterverkauf aus (gedeckter Leerverkauf), kann der Verkäufer eine Frist zur Rückgabe der Waren oder Finanzinstrumente mit dem Verleiher vereinbaren, die länger andauert als bei ungedeckten Leerverkäufen. Der Leerverkäufer erzielt einen Gewinn, wenn er die Ware zu einem günstigeren Preis kaufen kann. Wenn der Verkäufer in Lieferverzug gerät, kann ihm eine Zwangsregulierung drohen gemäß den zugrundeliegenden Gesetzen bzw. Regularien.

Libor steht abgekürzt für London Interbank Offered Rate. Der Libor ist ein in London täglich festgelegter Referenzzinssatz im Interbankengeschäft.

Mammon ist mythologisch betrachtet ein Dämon, der die Menschen zu Geiz und Habgier verführt.

McGreedy ist eine fiktive Unternehmensberatung.

Midas ist mythologisch betrachtet ein gieriger König, der sich wünschte, dass alles was er berühre zu Gold wird. In der vorliegenden Geschichte ist Midas Mitglied der Geschäftsführung und Vorstandsvorsitzender der Goldberg AG. Midas ist bekannt als skrupelloser Wertpapierhändler.

Momos ist mythologisch betrachtet der Gott der Kritik. In der vorliegenden Geschichte ist Momos zu Beginn der Praktikant bei Valerius Funds, einer Investmentfonds Gruppe von Valerius. Momos macht weitere Berufserfahrungen als Praktikant bei einer kleinen Investmentbank, bevor er nach seinem Studium als Junior Trader bei der Goldberg AG anfängt.

MomosFunds ist die Idee von Valerius zur Gründung eines Impact Investmentfonds, der den Namen des kritischen Denkers Momos enthält.

OTC, also „Over the Counter", bezeichnet den außerbörslichen Handel.

Performance Fees sind erfolgsabhängige Vergütungen. Vermögenverwaltungsgesellschaften und Banken werden gewöhnlich am finanziellen Erfolg, der von ihnen betreuten Investmentvermögen beteiligt. Die Vergütungen variieren stark und sind abhängig von den jeweiligen Vertragsbedingungen. Eine mögliche Beteiligung am Verlust findet in der Regel nicht statt, da es sich bei dem Investmentvermögen häufig um fremdes Geld handelt und die Vertragsbedingungen eine Verlustbeteiligung nicht vorsehen.

Prometheus ist mythologisch betrachtet ein Freund und Kulturstifter der Menschheit. In der vorliegenden Geschichte ist Prometheus vorübergehend ein Praktikant der Hades Investmentgesellschaft aus New York. Außerdem ist er Kommilitone und ein guter Freund von Momos.

Put-Option ist eine Verkauf Option auf einen vorher

festgelegten Basiswert zu einem heute festgelegten Preis an einem bestimmten Fälligkeitstermin in der Zukunft (europäische Option) oder während der Laufzeit (amerikanische Option). Eine Option ist ein bedingtes Termingeschäft und gehört damit zur Gruppe der Derivate. Der Optionsinhaber, der die Put Option zu einem bestimmten Preis (Prämie) vom Stillhalter (Optionsverkäufer) gekauft hat, entscheidet einseitig, ob er die Put Option gegen den Stillhalter ausübt oder sie verfallen lässt. Siehe auch: Call Option.

PVP Partners ist eine fiktive Beteiligungsgesellschaft.

Redrock ist eine fiktive Vermögensverwaltungsgesellschaft aus New York. In der vorliegenden Geschichte ist diese Firma eine der größten Vermögensverwalter der Welt. Redrock steigt bei der Goldberg AG als Investor ein und rettet sie vor der Insolvenz. Redrock beabsichtigt die Goldberg AG vollständig zu übernehmen nachdem die Goldberg AG zu einem erfolgreichen ETF Anbieter gewachsen ist.

Redstone ist in der vorliegenden Geschichte eine fiktive Beteiligungsgesellschaft aus London. Redstone steigt als Investor bei der Goldberg AG ein und bringt das Unternehmen an die Börse.

Sale-Lease-Back ist ein Rückmietverkauf. Bei diesem Verfahren wird ein bestimmter Gegenstand an einen neuen Eigentümer verkauft. Der alte Eigentümer mietet den Gegenstand vom neuen Eigentümer. Durch den Verkauf erzielt der alte Eigentümer logischerweise einen Verkaufserlös und zahlt regelmäßig einen Mietpreis an den neuen Eigentümer. Dieses Verfahren wurde in letzten Jahren im öffentlichen Sektor bekannt unter dem Begriff Cross Border Leasing.

Shitberry ist der Name von einem fiktiven Smartphone Hersteller.

Signing Fee ist eine finanzielle Zuwendung bzw. Gebühr ohne nennenswerte Gegenleistung. Die Gegenleistung besteht in der Vertragsannahme.

Sisyphos ist mythologisch betrachtet eine Symbolfigur für sinnlose Bemühungen. In der vorliegenden Geschichte ist Sisyphos der Anwalt und Steuerberater vermögender Kunden der Goldberg AG. Sisyphos kümmert sich hauptsächlich um die Geschäftsentwicklung auf den karibischen Inseln.

Sqeeze-Out ist der zwangsweise Ausschluss von Minderheitsaktionären aus einer Aktiengesellschaft durch den Mehrheitsaktionär mit Hilfe einer gesetzlich vorgeschriebenen finanziellen Abfindung.

Subprime Loans sind Kredite von bonitätsschwachen Kreditnehmern.

SWAP ist eine individuelle Zahlungsvereinbarung über den Austausch von bestimmten Zahlungsströmen. Sie gehören zur Gruppe der Derivate.

SWIFT ist eine Organisation, die den internationalen Nachrichtenverkehr von einer Vielzahl von Finanzinstituten untereinander standardisiert. Das SWIFT-System ist eine Plattform, die Nachrichten für die internationale Zahlungsabwicklung überträgt.

Synthetische Replikation bezeichnet eine Verfahren für die Nachbildung der preislichen Entwicklung eines ETF gegenüber seiner Referenzgröße. Synthetische Replikationen werden durch SWAP Geschäfte erzielt im Vergleich zum Verfahren der echten bzw. vollen Replikation.

Tartaros ist mythologisch betrachtet, ein personifizierter Teil der Unterwelt, der noch unter dem Hades liegt.

UCITS-Richtlinie ist eine europäische Richtlinie, die spezielle Anforderungen an Investmentfonds und ihre Verwaltungsgesellschaften stellt. Ein Schwerpunkt dieser Richtlinie liegt auf der Regelung der zulässigen Vermögensgegenstände. Ein Fonds, der dieser Richtlinie entspricht, wird allgemein als richtlinienkonformes Sondervermögen oder kurz UCITS bezeichnet. Investmentfonds, die nicht der UCITS-Richtlinie entsprechen, werden allgemein als alternative Investmentfonds bezeichnet.

Urban Farming oder Urbane Landwirtschaft ist ein Oberbegriff für verschiedene Weisen der Lebensmittelproduktion in städtischen (urbanen) Ballungsgebieten und deren unmittelbarer Umgebung für den Eigenbedarf der jeweiligen Region.

Valerius besitzt noch keine mythologische Bedeutung. Der Name entstammt dem Lateinischen und lässt sich von valere (gesund sein, stark sein) herleiten. In der vorliegenden Geschichte ist Valerius ein sehr wohlhabender

Privatier, Fondsmanager und Gründer von Valerius Funds aus Luxemburg.

Valerius Funds oder Valerius Fondsgruppe ist eine fiktive Investmentfonds Gruppe aus Luxemburg.

Verkaufsprospekte enthalten die Vertragsdetails eines bestimmten Finanzinstruments.

Volle Replikation bezeichnet eine Verfahren für die Nachbildung der preislichen Entwicklung eines ETF gegenüber seiner Referenzgröße. Volle Replikation wird durch den Kauf der zugrundeliegenden Gegenstände einer Referenzgröße erzielt. Für die preisliche Nachbildung eines Aktienindex werden zum Beispiel die Aktien des zugrundeliegenden Index gekauft.

Wal aus London ist ein fiktiver Spitzname für einen Investmentbanker aus London, der bekannt ist für sehr große und riskante Geschäfte.

Währung ist eine standardisierte Geldeinheit, die durch rechtliche Anerkennung als Geld anerkannt wird. Heute bekannte Währungen sind z.B. der US-Dollar, der Euro, der Schweizer Franken, der japanische Yen oder das britische Pfund. Währungen werden von der jeweiligen Zentralbank verwaltet. Das Geld der Zentralbank entsteht durch die Kreditvergabe und so ist rein rechtlich betrachtet z.B. der Euro oder der Dollar eine auf sich selbstlautende Schuldverschreibung der Zentralbank. Wird dieses Zentralbankgeld weiter verliehen, entstehen immer neue Forderungen bzw. Verbindlichkeiten auf die jeweilige Währungseinheit. Historisch betrachtet basierte eine allgemein anerkannte Währung über lange

Zeit auf einem Edelmetall und wurde von den heutigen Schuldscheinen der Zentralbank zunehmend abgelöst.

Im Gegensatz zu Gewichtseinheiten bei Edelmetallen können Währungen der Zentralbanken nicht einheitlich bewertet werden. Es fehlt ein allgemein akzeptiertes Bewertungsmerkmal. In den Wirtschaftswissenschaften wird angenommen, dass der Wert einer Währung bzw. der Wechselkurs einerseits von dem Investitions- und Konsumverhalten und andererseits von dem Außenhandelsergebnis eines Währungsraumes gegenüber einem anderen Währungsraum abhängt. Insofern bilden sich unterschiedliche Wechselkurse, die von dem jeweiligen Angebot und der Nachfrage abhängen, die wiederum auf den wirtschaftlichen und politischen Entwicklungen des jeweiligen Währungsgebietes beruhen. Die politische Macht ist in der Bewertung von Wechselkursen nicht zu vernachlässigen, jedoch schwer zu quantifizieren. Siehe weitere Erklärungen zu: Auf sich selbstlautende Schuldverschreibungen, Geld und Zentralbank.

Wandelanleihe ist eine Anleihe eines Unternehmens, die ein Umtauschrecht oder eine Umtauschpflicht in Aktien des gleichen Unternehmens zu einem vorher festgelegten Verhältnis verbrieft.

Wertpapierleihe wird angeboten, damit der Verleiher zusätzliche Einnahmequellen generieren kann. Für die Wertpapierleihe verlangt der Verleiher eine Leihgebühr für den vereinbarten Zeitraum der Leihe.

Wikileaks ist eine Enthüllungsplattform im Internet, auf der Dokumente anonym veröffentlicht werden können. Wikileaks ist durch die Veröffentlichung vertraulicher Bank- und Geheimdienstdokumente bekannt geworden. Im Oktober 2013 ist ein Spielfilm über Wikileaks erschienen.

Wolf der Wall Street ist Synonym und Spitzname eines skrupellosen Börsenmaklers. Im Dezember 2013 erschien ein Spielfilm mit dem Titel „The Wolf of Wall Street."

Zentralbank ist eine Institution, die für die Geld- und Währungspolitik eines Währungsraums oder Staates zuständig ist. Siehe weitere Erklärungen zu: Auf sich selbstlautende Schuldverschreibungen, Geld und Währung.